Überflieger

Herausgegeben von Christof Kehr

Wer neugierig ist auf andere Länder und ihre Menschen, der kommt um Sprachkenntnisse nicht herum. **Portugiesisch in letzter Minute** bietet den Einstieg für alle, denen ein ganzes Lehrbuch zu langwierig und ein herkömmlicher Sprachführer zu schematisch ist. Wer dieses Buch, nach Möglichkeit mit der dazugehörigen Cassette (rororo 9736), durcharbeitet, der erwirbt dank einer ausgefeilten Methode die Fähigkeit, sich in Portugal und den portugiesischsprechenden Ländern zu verständigen. Informationen zum Alltagsleben und jede Menge praktischer Tips verkürzen den Weg zu der anderen Kultur. Das portugiesisch-deutsche Wörterbuch im Anhang hilft immer dann, wenn es Unverständliches zu entschlüsseln gilt.

Elisabeth Völpel hat Sinologie und Theaterwissenschaften studiert. Sie lebt seit zehn Jahren in Porto und arbeitet dort am Goethe-Institut und als freie Fotografin.

In der Serie **Überflieger** sind bislang erschienen: Christof Kehr **Spanisch in letzter Minute** (9526/9527), Hanne Schönig/Hatem Lahmar **Arabisch in letzter Minute** (9541/9542), Isabelle Jue/Nicole Zimmermann **Französisch in letzter Minute** (9628/9629), Frida Bordon/Giuseppe Siciliano **Italienisch in letzter Minute** (9626/9627), Iain Galbraith/Paul Krieger **Englisch in letzter Minute** (9630/9631), Karl-Heinz Scheffler **Türkisch in letzter Minute** (9688/9689) und Uwe Kreisel/Pamela Ann Tabbert **American Slang in letzter Minute** (9623/9624).

Originalausgabe
Veröffentlicht im Rowohlt Taschenbuch Verlag GmbH, Reinbek bei Hamburg, Februar 1995
Copyright © 1995 by Rowohlt Taschenbuch Verlag GmbH, Reinbek bei Hamburg
Umschlaggestaltung **Susanne Müller** (Foto: Tony Stone Worldwide)

Grafik-Konzept **Alexander Urban**
Layout **Arte LaRoche**
Satz **Frutiger und Adobe Garamond, PostScript Linotype Library, QuarkXpress 3.3 (Dolev 800)**
Druck und Bindung **Clausen & Bosse, Leck**
Printed in Germany
1290-ISBN 3 499 19686 7

Elisabeth Völpel

Portugiesisch

in letzter Minute

Ein Sprachführer für
Kurzentschlossene

Inhalt

Vorwort

Sprachforscher schätzen, daß es auf der Erde über 4000 eigenständige Sprachen gibt. Wer mehr als drei Fremdsprachen kann, der wird landläufig bewundert. Wer sich gar in mehr als zehn Fremdsprachen auszudrücken versteht, wird als Genie gehandelt. «Dem fliegt das halt zu» ist die gängige Erklärung. Doch Sprachen zu lernen ist – außer für Kinder – auch mit Arbeit verbunden. Wir glauben nicht an Zauberei beim Sprachenlernen – es sei denn, einer schnappt leicht auf und kann das Aufgeschnappte zuverlässig speichern. Der große Rest kommt um ein mehr oder minder intensives Training nicht herum.

Die **Überflieger**-Bände bieten einen schnellen ersten Zugang zu anderen Sprachen. Sie vermitteln das Allerwichtigste – das, was jeder in den ersten Tagen und Wochen sagen und verstehen muß, wenn er sich nicht stumm, taub und verunsichert durch das fremde Land bewegen möchte. Sie schleifen das notwendigste Wissen mit einer ausgefeilten Methode ein. Denn es genügt nicht, wie dies die Mehrzahl der Sprachführer tut, fertige Sätze und Wortlisten zu servieren. Die meisten Lernwilligen fühlen sich da zu Recht im Stich gelassen. Der Stoff muß gekaut und verdaut werden. Wer eine andere Sprache lernt, dem muß ein neues Wort etwa dreizehnmal begegnen, bis es in seinen aktiven Wortschatz eingeht. Den Weg dahin wollen wir für den Anfang verkürzen.

Portugiesisch in letzter Minute bringt Ihnen rund 300 Wörter und Wendungen bei. Es stellt sie in einen Zusammenhang, sorgt durch wiederholtes Üben dafür, daß sie sich einprägen, und gibt darüber hinaus noch nützliche Informationen und kulturelle Tips für den Aufenthalt in Portugal.

Damit keine falschen Erwartungen aufkommen: Eine richtige Zeitung zu lesen oder sich über die gesellschaftliche Rollenverteilung von Mann und Frau zu unterhalten, erfordert ein Sprachvermögen, das sich erst in Monaten oder Jahren einstellt.

Schlagen Sie die erste Lektion auf, schieben Sie, wenn möglich, die Cassette zum Buch ein, und legen Sie los. Scheuen Sie sich nicht, den Stoff dreimal oder viermal zu wiederholen. Und trauen Sie sich, die Aussprache etwas zu übertreiben – das hilft bestimmt.

Wenn Sie in Portugal oder Brasilien aus dem Auto, Bus, Zug oder Flugzeug steigen, werden Sie anfangen zu verstehen und bald auch selbst verstanden werden. Viel Spaß dabei!

Christof Kehr

Gebrauchsanweisung

Mit diesem Buch lernen Sie rund 300 Wörter und Wendungen, die in verschiedene Themen gepackt sind. Jedes Thema besteht aus drei Lektionen und einer Zusammenfassung zum Wiederholen und Vertiefen.

Blättern Sie das ganze Buch einmal durch, und machen Sie sich den Aufbau klar:

1. Hinweise zur Aussprache
2. Fünf Themen mit fünfzehn Lektionen
3. Lösungen der Übungen und Tests
4. Kurzgrammatik
5. Wörterbuch portugiesisch-deutsch

Die Bedeutung der Zeichen

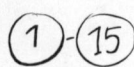

Diese Zahlen stehen für die einzelnen Lektionen. Planen Sie für jede Lektion einen Tag. Nach ungefähr zwei Wochen sollten Sie also den wichtigsten Lernstoff des Buches durchgearbeitet haben. Selbst wenn Sie dann nicht alles aktiv beherrschen, werden Sie das meiste doch wiedererkennen und verstehen.

Nach drei Lektionen wird das neu Gelernte vertieft, ergänzt und abgefragt. Das (Z) steht für Zusammenfassung.

Lernen läuft nicht nur übers Lesen, sondern auch übers Hören. Was den einen Lerntyp vom anderen unterscheidet, ist die Gewichtung: mehr Lesen oder mehr Hören. Wir bieten beide Möglichkeiten, denn zum Buch gibt es die Cassette. So kann jeder selbst wählen, ob er Wörter und Dialoge zuerst liest oder hört. Als Hörverständnis-Training gibt es immer Übungen auch von der Cassette.
Wenn Sie keine Cassette zur Hand haben, dann treiben Sie einen Muttersprachler oder einen Sprachkundigen auf, der Ihnen ordentlich vorspricht.

In den Kästchen mit der Glühlampe finden Sie Mechanismen, nach denen bestimmte Elemente der Sprache (Verben, Mehrzahl, Artikel…) funktionieren. Wir haben bewußt auf grammatikalischen Ballast verzichtet. Nicht, daß Grammatik überflüssig wäre: Wenn Erwachsene eine Fremdsprache lernen, dann hilft die Grammatik dabei, das System der anderen Sprache schneller zu begreifen. Sie sollen sich hier aber vor allem im Kommunizieren (sich mitteilen, verstehen, in einer bestimmten Situation etwas ausdrücken…) üben. Wer tiefer in die Grammatik einsteigen möchte, der findet im Anhang eine Übersicht mit den wichtigsten Regeln.

Das Kästchen mit dem Koffer steht für «Kulturgepäck». Gemeint ist die Alltagskultur. Hier finden Sie hilfreiche Informationen für einen Aufenthalt in Portugal und für den Zugang zu Land und Leuten.

Der Aufbau der Lektionen

Lesen

Am Anfang steht ein deutscher Text zum **Lesen** mit wissenswerten Informationen rund um das Thema.

Lernen

Unter **Lernen** folgen die bisher unbekannten Wörter mit ihrer Übersetzung. Hören Sie sich die Wörter nach Möglichkeit auf der Cassette an und sprechen Sie sie nach. Wiederholen Sie das ein paarmal, damit Sie sich die meisten Wörter einprägen.

Reden

Sie verstehen jetzt die neuen Wörter und nehmen sich im Abschnitt **Reden** die Dialoge vor. Kinderleicht, denn es kommt ja nichts Neues, dafür stehen die Wörter aber im Zusammenhang, gerade so, wie sie einem meist begegnen. Hören Sie die Dialoge ein paarmal an und lesen Sie sie, prägen Sie sich dabei die Wendungen ein, die für die jeweilige Situation wichtig erscheinen.

Üben

Unter dem Stichwort **Üben** steht, was dieses Buch von anderen Sprachführern unterscheidet. Sie werden nicht mit Wörtern, Sätzen und Dialogen allein gelassen, sondern haben Gelegenheit, den auf das Allerwichtigste beschränkten Stoff einzuüben, geradeso wie in einem dicken Lehrbuch. Die mit einem Cassetten-Symbol gekennzeichneten Übungen können Sie wahlweise mit Buch oder Cassette ausführen.

Die Zusammenfassung der Themen

Alle Wörter

Hier finden Sie, verschnürt in kleine Portionen zum Pauken, alle Wörter der drei letzten Lektionen, diesmal andersherum: deutsch-portugiesisch.

Service

Diese Seite bietet noch einige weiterführende Informationen für den Aufenthalt in Portugal.

Gebrauchsanweisung

Hier fehlt's

Der Lückentext bringt noch einmal einen Querschnitt der Dialoge mit auszufüllenden Lücken.

Hier steht's

Dieser Text enthält alles, was im Lückentext fehlt. Sie können sich diesen Dialog auch von der Cassette anhören und dann die Lücken ausfüllen.

Prüfstand

Zum Abschluß gibt es einen Wiederholungstest, der nochmals den wichtigsten Lernstoff abfragt und einschleift. Wenn Sie gut abschneiden wollen, dann müssen Sie auch die **Lesen**-Texte am Anfang der Lektionen aufmerksam durchlesen, sie werden nämlich ebenfalls abgefragt.

Das Angebot im Anhang

Kurzgrammatik

Die **Kurzgrammatik** ist für alle, die es genauer wissen wollen, die ein Minimum an Theorie brauchen, um gezielter zu lernen. Man kann hier nachschlagen, wie zum Beispiel die Mehrzahl gebildet, wie ein Verb konjugiert oder ein Befehl ausgedrückt wird. Das Wichtigste an Theorie ist aber in den jeweiligen Lektionen schon erklärt.

Schlüssel

Der **Schlüssel** bringt die Lösungen aller Übungen und Tests und dient der Selbstkontrolle.

Wörterbuch

Das portugiesisch-deutsche **Wörterbuch** enthält, über die in den Lektionen gelernten Vokabeln hinaus, unbekannte Wörter, die Ihnen auf Schildern, Speisekarten, in Zeitschriften, auf Tickets, Reklametafeln, in den Medien oder wo auch immer begegnen mögen.

Aussprache und Betonung

Diese Seiten brauchen Sie nicht zu lernen, sie dienen zum Nachschlagen. Die Erklärungen sollen Ihnen dann helfen, wenn Sie nicht wissen, wie ein bestimmter Laut ausgesprochen wird.

Die Betonung

geschrieben	gesprochen	auf deutsch

1. die vorletzte Silbe wird bei den meisten Wörtern betont:

barco, rapariga	[*barku, rrapariga*]	Boot, Mädchen

bei zwei Endvokalen wird jeder Vokal einzeln gesprochen:

comprei, navio	[*kumpre-i, nawi-u*]	ich kaufte, Schiff

2. die letzte Silbe wird betont bei Wörtern auf -l, -r und -z:

azul, falar	[*asull, falar*]	blau, sprechen

bei Wörtern auf Nasalvokal und auf -om, -im und -um:

alemã, atum	[*alemã, atum*]	Deutsche, Thunfisch

3. Wörter, die anders als 1. oder 2. betont werden, tragen Akzent:

atlântico, fácil	[*atlantiku, faßill*]	Atlantik, leicht

Die Aussprache

Hier nur diejenigen Buchstaben, die im Deutschen anders klingen:

Buchstabe	geschrieben	gesprochen	wie deutsch
ê	você	[*woße*]	Emil, See
é	até	[*atä*]	Väter
e an Anfang und Ende	estar, noite	[*schtar, noit*]	

Buchstabe	geschrieben	gesprochen	wie deutsch
ô	avô	[*awo*]	Ofen
ó	avó	[*awo*]	offen

unbetontes «o» wird wie [u] gesprochen:

o	por, claro	[*pur, klaru*]	und

ã und õ sind nasaliert, auch der Vokal + -m/ -n. Sprechen Sie's wie «lang, eng». Doppelvokale werden nasaliert, der erste Vokal dabei mehr betont.

ã, om, um	lã, som, um	[*la(n), ßon, um*]	
em, ão, ãe	bem, pão, mãe	[*be-in, pa-un, ma-in*]	

Unterschieden werden die hellen «e»- und «i»- und die dunklen «a»-, «o»- und «u»-Vokale. Entsprechend werden «c», «g» vor Vokal ausgesprochen:

ca, co, cu	Coca-Cola	[*koka-kola*]	Coca-Cola
ce, ci	cego, cima	[*Bägu, Bima*]	City
-ça, -ço,-çu	caça	[*kaßa*]	Kasse

ga, go, gu,	galo	[*galu*]	Gans, gut
gue, gui	guê, guia	[*ge, gia*]	Guinea (Ginea)
ge, gi	gelo	[*jelu*]	Loge

Zu beachten sind folgende Konsonanten:

ch, x	chá, xixi	[*scha, schischi*]	Scheck, Charme
j	jornal	[*jurnall*]	Journalist
h	hotel, hora	[*utäll, ora*]	(nicht gesprochen)
-s, z,	estás, dez	[*schtásch, däsch*]	Stahl, frisch
-ss-, s-	saco, assim	[*Baku, aßin*]	Ruß, Messe
z	treze, zona	[*tres, sona*]	Kreisel
l	sol	[*soll*]	kölsch
v	ver, lavar	[*wer, lawar*]	Vase

Bom Dia

Guten Tag

Schauplatz Rio de Janeiro: Held und Heldin des Films sitzen im Café an der Copacabana, und der Kellner kauderwelscht auf spanisch. Pech gehabt, Herr Drehbuchautor, in Brasilien spricht man Portugiesisch. Nicht nur dort, sondern auch in den ehemaligen afrikanischen und indischen Kolonien wie Angola, Moçambique und Goa. Macao, die Nachbarinsel von Hongkong, steht als letztes Überbleibsel noch bis 1999 unter portugiesischer Verwaltung. Doch allenfalls ein paar alte Chinesen wissen dort noch, was *bom dia* bedeutet.

Die Großmacht Portugal ist längst ein friedlicher Außenseiter in Europa und wieder zu dem geworden, was es in der Antike mal war: ein kleines Land am Rande der Welt.

Portugiesisch klingt beim ersten Hören wie eine slawische Sprache. Das kommt von den vielen Zischlauten; «s» und «z» werden oft wie «sch» ausgesprochen: *estupidez* wie «schtupidesch». Wer Französisch kann, ist schon ein bißchen auf die Nasallaute eingestimmt. Was das Verständnis am Anfang erschwert, sind die verschluckten Vokale: *hipótese* hört man als «ipots»; *para* wird zu «pra». Keine Bange, nach dem ersten Schock gewöhnen sich die Ohren schnell daran.

Einfacher zu sprechen und zu verstehen ist das brasilianische Portugiesisch, das inzwischen mit unzähligen Seifenopern im Fernsehen (*telenovelas*) seinen Beitrag zur Erweiterung des Wortschatzes der Umgangssprache leistet. Wir wollen uns hier aber auf portugiesisches Portugiesisch beschränken.

Die Sprache verfügt nicht über klar abgrenzbare Dialekte; die Herkunft des Sprechers drückt sich meist nur in der Betonung aus. Die Wortwahl gibt aber sehr wohl – viel stärker als in Deutschland – Aufschluß über das Alter oder die soziale Zugehörigkeit. Manche Bauern altertümeln und bedienen sich geradezu literarischer Bilder. Studierte sprechen eher korrekt und drücken sich im Vergleich gewählter aus. Soldaten, Handwerker und Jugendliche würzen ihre Mitteilungen mit allerlei Vulgarismen.

Übersetzungen ins Deutsche fallen in der Regel kürzer aus als das portugiesische Original. Die Sprache ist angereichert mit Arabesken und ausschmückenden Wiederholungen, die – würde man sie wörtlich übertragen – sich im Deutschen eher übertrieben und zuweilen lächerlich ausnähmen.

Die jahrhundertelange Herrschaft der Mauren hat auch sprachlich ihre Spuren hinterlassen. Ob Olive (*azeitona*), Zoll (*alfândega*), Zucker (*açúcar*) oder Brunnen (*chafariz*) – eine Vielzahl von Dingen, die mit dem Handel oder der damaligen Umwelt zu tun haben, trägt heute noch den arabischen Namen.

Jeder zehnte Portugiese verdient heute sein Geld im Ausland, die meisten in Frankreich, nicht wenige in der Schweiz oder auch in Deutschland. Nach einigen Jahren haben die arbeitsamen Emigranten genug auf die hohe Kante gelegt, um sich zu Hause auf dem Land ein Häuschen zu bauen. Abseits der Städte und der Küste trifft man daher nicht selten auf Deutschsprechende. Gut möglich ist aber auch, daß man sich mit einem korrekt ausgesprochenen portugiesischen Satz an einen Einheimischen wendet und der einen nur fassungslos anstarrt: Er kann nicht glauben, daß ein Fremder seine Sprache spricht.

Die Gastfreundschaft gegenüber Ausländern wird großgeschrieben. Man scheue sich nicht, einfach draufloszuplappern. Die Portugiesen sind sich – manchmal zu sehr – ihrer Randlage in Europa bewußt und erwarten nicht, daß ein Reisender ihre Sprache spricht. Versucht der es dennoch, so hält man mit der Freude nicht hinter dem Berg. Wer sich auf das Abenteuer einläßt und beginnt, die Sprache zu lernen, der wird schon mit wenigen Begrüßungsformeln bestimmt große Anerkennung ernten: «*Já fala bem português!*» Sie sprechen aber schon gut Portugiesisch!

«Guten Tag»

zum Gruß und beim Abschied

bom dia	guten Morgen / guten Tag – bis 12.00 Uhr
boa tarde	guten Tag – ab 12.00 Uhr, aber alles dreht sich ums Mittagessen. Arbeitet jemand bis 13.00 Uhr, kann er auch noch bom dia sagen
boa noite	guten Abend / gute Nacht – ab Einbruch der Dunkelheit

Alles gut?

Tudo bem? können Sie immer fragen und antworten: Tudo bem!
Alles klar? – Alles in Ordnung.
Die Stimme hebt man bei der Frage an.

bom dia *guten Tag*

como está? *wie geht's Ihnen?*

bem *gut*

obrigado *danke*

olá *hallo*

como estás? *wie geht's dir?*

não muito bem *nicht sehr gut*

boa tarde *guten Tag*

mais ou menos *es geht so, mehr oder weniger*

tudo bem? *alles in Ordnung?*

boa noite *guten Abend*

óptimo *blendend, bestens*

adeus *auf Wiedersehen*

até amanhã *bis morgen*

até logo *bis später*

muito obrigado *danke sehr*

Aussprache

geschrieben	gesprochen	wie deutsch

Schlucken Sie «**e**» runter!
está, noite, tarde   [schta, noit, tard]

Für ungewohnte Ohren «**s**» wie russische Zischlaute:
estás, adeus   [**sch**ta**sch**, adeu**sch**]   fri**sch**

Achtung: **s vor Vokal** wird sanft verbunden:
mai**s o**u menos   [mai**sou** menu**sch**]   lei**s**e

«**o**» wird zu **u**, wenn unbetont:
obrigad**o**, log**o**   [obrigad**u**, log**u**]   **u**ns

Und noch ein **Bonbon**:
die Nase nicht vergessen in b**om**, b**em**, n**ão**, am**anhã**.

«**p**» vor **t** spricht man nicht immer:
ó**pt**imo   [o**t**imu]

---

obrigado – danke

kann man immer sagen, aber geschlechtsbewußt ist man:
mit obrigad**o** bedankt sich ein **Mann**
mit obrigad**a** bedankt sich eine **Frau**

Begrüßung – Befinden – Abschied

Bom dia.	Guten Tag.
Bom dia.	*Guten Tag.*
Como está?	Wie geht's (Ihnen)?
Bem, obrigado.	*Gut, danke.*

Olá.	Hallo.
Olá, bom dia.	*Hallo, guten Tag.*
Como estás?	Wie geht's (dir)?
Não muito bem.	*Nicht so (sehr) gut.*

Boa tarde.	Guten Tag.
Boa tarde.	*Guten Tag.*
Como está?	Wie geht's (Ihnen)?
Mais ou menos.	*Es geht so.*

Boa tarde.	Guten Tag.
Tudo bem?	*Alles in Ordnung?*
Tudo bem, obrigado.	Alles klar, danke.

Olá.	Hallo.
Olá, boa noite.	*Hallo, guten Abend.*
Como estás?	Wie geht's (dir)?
Óptimo, obrigado.	*Blendend, danke.*

Adeus.	Auf Wiedersehen.
Adeus, até amanhã.	*Auf Wiedersehen, bis morgen.*

Obrigado, até logo.	Danke, bis später.
Até logo.	*Bis später.*

Adeus, boa noite.	Auf Wiedersehen, gute Nacht.
Até amanhã.	*Bis morgen.*

1. Wie lautet die richtige Antwort?

1. Bom dia.
    a Olá.
    b Muito bem.

2. Como está?
    a Obrigado.
    b Bem, obrigado.

3. Tudo bem?
    a Adeus.
    b Tudo bem.

4. Como estás?
    a Mais ou menos.
    b Boa tarde.

5. Adeus.
    a Até amanhã.
    b Olá, boa noite.

2. Wie heißt's auf portugiesisch?

1. wie geht's Ihnen? **2.** guten Tag **3.** gut, danke **4.** bis morgen
5. guten Abend **6.** blendend

3. Was gehört zusammen?

1. boa tarde   a es geht so
2. tudo bem   b bis morgen
3. mais ou menos   c guten Tag
4. até amanhã   d danke sehr
5. muito obrigado   e alles in Ordnung

4. Was sagen Sie in dieser Situation?

1. Am Strand. Sie begrüßen morgens einen Freund: ....
....

2. Vor der Tür. Sie bedanken sich herzlich für die Abendeinladung und
    verabschieden sich: ....

3. Auf der Straße. Sie fragen einen Bekannten, wie's ihm geht:
....

4. Im Café. Sie begrüßen einen guten Bekannten am Nachmittag: ....
....

5. In der Pension. Sie verabschieden sich beim Frühstück von Gästen,
    die Sie am Strand wiedersehen:..

Der erste Kontakt

Mit einem Nicken und einem Lächeln sind Sie wortlos weltweit dabei.
Olá (Hallo) ist die lockerste Begrüßungsformel unter Portugiesen.
Genauso unkompliziert verabschiedet man sich mit dem italienischen
xau (ciao), das sich im Zuge der Europäisierung eingebürgert hat.
Außer *o senhor* (Herr) und *a senhora* (Frau) wird auch *a menina*
(Fräulein) als Anrede benutzt. Darüber hat sich in Portugal noch keine
Frau aufgeregt, vielmehr wird es als Kompliment entgegengenommen.
Die Brasilianer sagen *você* (Sie), ob sie jemanden duzen oder siezen. Die
Portugiesen möchten mit *você* eine zu enge Vertrautheit vermeiden; es
schafft dann Distanz zwischen Gleichgestellten und zu Untergeordneten,
wenn *tu* (du) zu familiär und *o senhor* oder *a senhora* zu förmlich klingen
würde. So reden auch heute noch Kinder Eltern und ältere Verwandte
mit *você* an und bezeugen damit ihren Respekt.
Ein *adeus* zum Abschied kann abgerundet werden mit *até logo* (bis
später); *até amanhã* (bis morgen) verwendet man auch im Sinne von «bis
dann einmal». Hinter *adeus* setzen die Älteren gerne noch als Formel ein
se deus quiser (so Gott will).

Die Kunst des Küssens

Zur Begrüßung gibt's rechts und links ein Küßchen, *beijinho*, aber in
Wirklichkeit legt man nur Wange an Wange und schmatzt in die Luft.
Unter Frauen ist es üblich, zwischen Männern und Frauen nur, wenn sie
sich gut kennen. Männer küssen sich nur im Kreise der Familie, und
dann meist der Jüngere den Älteren. Sonst umarmen sie sich unter
Freunden und klopfen sich auf den Rücken. Heute ist es seltener, sich
auch beim Abschied zu küssen. Man sagt einfach nur: «*beijinho, até
amanhã*».

Feudale Spuren

Auf Bauernhöfen und Landgütern, den *quintas*, kann man noch sehen,
wie die Tagelöhner, den Besitzer untertänigst grüßend, ihren Hut vor die
Brust halten. Hier hat die Revolution von 1974 wenig Spuren hinterlassen.

Die Endung sagt alles

«Ich, du, er, sie, (es), wir, ihr, sie» kann man weglassen.
Die Endung des Verbs macht es nämlich:

    trabal**ho**   –   **ich** arbeite
    trabal**has**   –   **du** arbeitest
    trabal**ha**   –   **er/sie** arbeitet; **Sie** arbeiten

Achtung: die höfliche Anrede steht in der Einzahl.

unregelmäßige Formen
sou – ich bin, **és** – du bist, **é** – er/sie ist; Sie sind

eu sou	_ich bin_	também	_auch_
muito prazer	_sehr angenehm_	o professor	_der Lehrer_
és	_du bist_	a senhora	_die Dame_
português	_Portugiese/portu-_	alemã	_Deutsche/deutsch_
	giesisch	é	_Sie sind_
alemão	_Deutscher/deutsch_	da Alemanha	_aus Deutschland_
o senhor	_(der) Herr_	fala	_Sie sprechen_
por favor	_bitte_	onde?	_wo?_
como se chama?	_wie heißen Sie?_	trabalha	_Sie arbeiten_
o meu nome é	_mein Name ist_	em Lisboa	_in Lissabon_
o estudante	_der Student/in_	num café	_in einem Café_
sim	_ja_	o empregado	_der Angestellte_
tu	_du_	o dono	_der Besitzer_

Aussprache

geschrieben	gesprochen	wie deutsch
senhor, Alemanha	[ßenjor, alemanja]	Sonja
trabalha	[trabalja]	Familie

Ins Café auf einen Kaffee:

café	[kafä]	Äther

«u» in der Verbindung **gue** spricht man nicht:

português, portuguesa	[purtugesch, purtugesa]

Und jetzt ein Gläschen Champagner:

chama	[schama]	Charme

Minitheorie

bestimmter Artikel	**o**	_der_	**a**	_die_
unbestimmter Artikel	**um**	_ein_	**uma**	_eine_

Das Allerweltswörtchen **«em»** heißt _in._
In der Kürze liegt die Würze: es verschmilzt mit den Artikeln.

em + o	→	no	no café	_im Café_
em + a	→	na	na loja	_im Geschäft_
em + um	→	num	num café	_in einem Café_
em + uma	→	numa	numa loja	_in einem Geschäft_

Sich vorstellen

Eu sou a Paula Lima.	Ich bin Paula Lima.
Muito prazer, sou o Carlos Leite.	*Angenehm, ich bin Carlos Leite.*

És português?	Bist du Portugiese?
Não, sou alemão.	*Nein, ich bin Deutscher.*

O senhor Silva, por favor.	Herr Silva, bitte.
Sou eu.	*Das bin ich.*

Como se chama?	Wie heißen Sie?
O meu nome é José Sousa.	*Mein Name ist José Sousa.*

És estudante?	Bist du Studentin?
Sim, tu também?	*Ja, du auch?*
Não, sou professor.	Nein, ich bin Lehrer.

A senhora é da Alemanha?	Sind Sie aus Deutschland?
Sim, sou alemã.	*Ja, ich bin Deutsche.*
Fala bem português.	Sie sprechen gut Portugiesisch.
Mais ou menos, obrigada.	*Es geht so, danke.*

Onde trabalha?	Wo arbeiten Sie?
Em Lisboa, num café.	*In Lissabon, in einem Café.*
É empregado?	Sind Sie Angestellter?
Não, sou o dono.	*Nein, ich bin der Besitzer.*

Anrede

Für unsere Ohren klingt es antiquiert: «A senhora é alemã?»,
wörtlich: «Ist **die Dame** Deutsche?»,
bedeutet ganz einfach «Sind Sie Deutsche?»
Auch wenn man über jemanden spricht, sagt man: «o senhor,
a senhora Brito, o Pedro, **a** Ana». Der Artikel muß dabeistehen.

Wichtig zu wissen:

Mann	Frau
o alemão, o português	a alemã, a potuguesa
o empregado	a empregada
o dono, o professor	a dona, a professora

gar nicht zu unterscheiden braucht man Wörter auf -e:

o estudante	a estudante

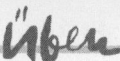

1. Was bedeutet das?

1. O meu nome é João. **2.** Sou professora. **3.** Fala português? **4.** Como te chamas? **5.** Muito prazer, sou Maria Alves. **6.** Trabalhas em Lisboa? **7.** Uma estudante alemã.

2. Wie lautet die richtige Antwort?

1. É portuguesa?

a Não, sou professora.
b Sim, sou portuguesa.

2. A senhora Dias, por favor?

a Sou eu.
b Muito prazer.

3. Onde trabalhas?

a Sou o dono.
b Num café.

4. Falas português?

a Sim, mais ou menos.
b Não, sou alemão.

5. Como te chamas?

a Eu também.
b O meu nome é Vasco Vieira.

3. Rätsel

1. Hauptstadt von Portugal. **2.** So lala, mehr oder weniger.
3. Er ist immer zu Diensten. **4.** Gibt Arbeit und läßt arbeiten.
5. Alles klar auf der Andrea Doria.

4. Sagen Sie's auf portugiesisch:

1. in Portugal **2.** die Angestellte **3.** Sprechen Sie Deutsch? **4.** Wo arbeiten Sie? **5.** der Lehrer **6.** mein Name ist **7.** Wie heißen Sie? **8.** Ich bin Deutsche. **9.** angenehm

5. Hier fehlt etwas:

1. O meu .... é Jorge Barros. **2.** Eu .... a dona.
3. Como .... chamas? **4.** Trabalha .... café?

> **Das Geheimnis vom Rumpelstilzchen**
> como se chama?   *wie heißen Sie? (wie rufen Sie **sich**?)*
> como te chamas?   *wie heißt du? (wie rufst du **dich**?)*

Die Welt der Zahlen

Lottorausch

Ein überfülltes Café: gebeugte Rücken, Stifte in den Händen, angespannte Gesichter. Es kann nur Freitag sein, wenn die Glücksritter über ihren Lottoscheinen sitzen. Sie knobeln Zahlenkombinationen aus, die ihnen Escudomillionen verheißen.

Loslotterien erfreuen sich schon immer großer Beliebtheit. Losverkäufer zu sein, ist eine Maßnahme der *Santa Casa da Misericórdia* – einer kirchlichen Stiftung, die hiermit Behinderten Arbeit verschafft. Oft preisen Losverkäufer im Rollstuhl, meist in der Nähe der Lottobüros, *casas da sorte*, ihre Glücksnummern, an. Unermüdlich rufen sie sie in unverständlichem Singsang aus. In den Zügen begegnen einem nicht selten Blinde, die sich von Waggon zu Waggon tasten und dabei versuchen, den Fahrgästen die Lose der *loteria nacional* unterzujubeln.

Hausnummern

Nur mit dem Zollstock wird man aus den Hausnummern klug. Sie richten sich nicht nach der Anzahl der Häuser, sondern nach der Straßenlänge in Metern. So kann ein Haus mehrere Nummern besitzen, oder zwei benachbarte Häuser können die Nummern 35 und 117 tragen. Sie sind das Wichtigste, wenn man eine Adresse sucht, denn auf Klingeln und Briefkästen stehen keine Namen. In Wohnhäusern müssen sich Postbote und Besucher auch nach dem Stockwerk orientieren. Die Angabe rechts, links, vorn oder hinten wird in einem Hochhaus um so notwendiger. Auf Anonymität legt jeder großen Wert.

Telefonnummern

Eine Privatnummer im Telefonbuch zu finden, ist in vielen Fällen aussichtslos. Man trägt einen Doppelnamen, zuerst den von der Mutter, dann den vom Vater. Offiziell übernehmen beide Ehepartner die Namen der Väter. Verheiratete können aber auch ihren vollständigen Familiennamen behalten und hängen einen oder beide Namen des Partners an. Jemand kann also durchaus sechs Namen haben, und man weiß nie, unter welchem Namen die Nummer eingetragen ist. Sie kann auch noch einem schon längst verstorbenen Onkel gehören, der mal vor Jahren in der Wohnung lebte. Hauptsache, die Telefonrechnung wird bezahlt.

o número *die Nummer*	**às quatro** *um vier (Uhr)*
de *von*	**que horas são?** *wieviel Uhr ist es?*
o telefone *das Telefon*	**são seis (horas)** *es ist sechs Uhr*
como? *wie?*	**em ponto** *Punkt ... Uhr*
telefonas *du rufst an*	**menos** *vor ... Uhr*
e *und*	**e meia** *und eine halbe (Stunde)*
zero *null*	**um quarto** *ein Viertel*
a que horas? *um wieviel Uhr?*	

os números – die Zahlen

1	**um (uma)**		6	**seis**
2	**dois (duas)**		7	**sete**
3	**três**		8	**oito**
4	**quatro**		9	**nove**
5	**cinco**		10	**dez**

Aussprache

geschrieben	**gesprochen**	**wie deutsch**
	Zweimal «qu» vor e, i und a	
1. que, quilo	[ke, kilu]	**K**eks
2. quatro	[kuatru]	**Kua**la Lumpur
	«h» bleibt stumm	
horas	[orasch]	
	Dreimal «z»	
1. prazer	[praser]	Sen**s**e
2. dez	[dä**sch**]	fe**sch**
3. dez horas em ponto	[dä**s**orasen pontu]	

Aber: Hineingesummt vor Vokal oder h- des folgenden Wortes. Dasselbe gilt auch für das End-s.

«e» unbetont, wenn nicht verschluckt, hört sich wie **i** an:

dez e meia	[dä**si** meia]

Nummern und Zeiten

O número de telefone, por favor?	Die Telefonnummer, bitte?
7, 6, 2, 4, 1, 5, 3.	*7, 6, 2, 4, 1, 5, 3.*
Como?	Wie (bitte)?
Sete, seis, dois, quatro, um, cinco, três.	*Sieben, sechs, zwei, vier, eins, fünf, drei.*

Telefonas?	Rufst du an?
Sim, e o número de telefone?	*Ja, und die Telefonnummer?*
Nove, um, nove, oito, seis, um, zero.	Neun, eins, neun, acht, sechs, eins, null.
A que horas?	*Um wieviel Uhr?*
Às quatro.	Um vier.

Que horas são?	Wieviel Uhr ist es?
São seis.	*Es ist sechs.*
Seis horas em ponto?	Punkt sechs Uhr?
Não, seis menos cinco.	*Nein, fünf vor sechs.*

Que horas são?	Wieviel Uhr ist es?
São oito e meia.	*Es ist halb neun.*

Onde?	Wo?
No café Atlântico.	*Im Café Atlântico.*
A que horas?	Um wieviel Uhr?
Às dez e um quarto.	*Um Viertel nach zehn.*

Que horas são? – Wieviel Uhr ist es?

São três (horas) – Es ist drei Uhr (es sind drei Stunden).
Der Portugiese denkt in Stunden, «**horas**».

Achtung! Es ist zwei Uhr heißt: são **duas** hora*s.*
Achtung! Es ist ein Uhr heißt: é **uma** hor*a.*

Mittag – **meio-dia**; es ist 12.05 Uhr heißt: é **meio-dia e cinco**
Mitternacht – **meia-noite**

Zweimal zwanzig vor neun
São nove menos vinte sagt man mehr im Norden von Portugal.
São vinte para as nove sagt man häufiger im Süden.

Will man sich sechzehn oder einundzwanzig Uhr ersparen, hängt
man **da tarde** – nachmittags, oder **da noite** – abends/nachts an:
16 Uhr: **quatro da tarde**, 21 Uhr: **nove da noite**.

A que horas? – Um wieviel Uhr?
Um sechs Uhr heißt: **às** seis, **um** ein Uhr: **à** uma hora.

1. Was paßt zusammen?

1. vier	**a** zero
2. eins	**b** dois
3. fünf	**c** quatro
4. drei	**d** três
5. null	**e** um
6. zwei	**f** cinco

2. Können Sie noch Kopfrechnen?

1. Dois e quatro são ...   (Zwei und vier sind ...)
2. Um e três são ...
3. Oito e dois são ...
4. Dois e três são ...
5. Sete menos quatro são ...   (Sieben weniger vier sind ...)
6. Nove menos sete são ...
7. Cinco menos três são ...
8. Sete menos um são ...

3. Richtig (r) oder (f) falsch?

	r	f
1. Quatro e seis são dez.	☐	☐
2. Seis menos três são cinco.	☐	☐
3. Um e sete são nove.	☐	☐
4. Oito menos cinco são três.	☐	☐
5. Dois e sete são oito.	☐	☐

4. Was gehört zusammen?

1. Punkt acht	**a** cinco da tarde
2. um halb sechs	**b** meio-dia e um quarto
3. 17.00 Uhr	**c** oito em ponto
4. 12.15 Uhr	**d** nove menos seis
5. sechs vor neun	**e** às cinco e meia

5. Sprechen Sie nach:

1 – 2 – 3	6 – 5 – 4	10 – 8 – 9
0 – 5 – 7 – 9	8 – 2 – 6	3 – 4 – 2

Befinden

wie geht's Ihnen?
como está?

alles in Ordnung?
tudo bem?

gut
bem

danke
obrigado/obrigada

wie geht's dir?
como estás?

nicht sehr gut
não muito bem

es geht
mais ou menos

blendend
óptimo

angenehm
muito prazer

Uhrzeiten

um wieviel Uhr?
a que horas?

um vier Uhr
às quatro

wieviel Uhr ist es?
que horas são?

es ist sechs Uhr
são seis

Punkt ... Uhr
em ponto

vor ... Uhr
menos

und eine halbe Stunde
e meia

und, nach ... Uhr
e

ein Viertel
um quarto

Verben

Sie sprechen Portugiesisch
fala português

Sie arbeiten
trabalha

ich bin
(eu) sou

du bist
(tu) és

Sie sind
(o senhor/a senhora) é

wie heißen Sie?
como se chama?

wie heißt du?
como te chamas?

mein Name ist
o meu nome é

du rufst an
telefonas

Personen

Portugiese
português

Deutscher
alemão

Herr
o senhor

Frau
a senhora

Student
o estudante

Lehrer
o professor

Angestellter
o empregado

Besitzer
o dono

Tageszeiten

guten Tag
bom dia

guten Abend
boa tarde

gute Nacht
boa noite

hallo
olá

auf Wiedersehen
adeus

bis morgen
até amanhã

bis später
até logo

Kleine Wörter

viel
muito

bitte
por favor

und
e

auch
também

ja
sim

nein
não

wo
onde?

von
de

wie?
como?

ein/eine
um/uma

null
zero

Drum und Dran

Café
o café

Nummer
o número

Telefon
o telefone

aus Deutschland
da Alemanha

in Lissabon
em Lisboa

Jemanden ansprechen:

por favor,...	bitte,...
(se) faz favor,...	bitte, (tun Sie mir den Gefallen,...)
desculpe,...	entschuldigen Sie,...

desculpe! – Entschuldigung!
sagt man, wenn man jemandem auf den Fuß tritt
oder im Gedränge zu nahe kommt.

com licença – Gestatten Sie / mit Ihrer Erlaubnis
In allen Lebenslagen ist der Portugiese höflich,
wenn der Verdacht besteht, jemanden zu stören:

man quetscht sich durch den Bus: **com licença**
man setzt sich unmittelbar neben jemanden: **com licença**
nach dem Niesen: **com licença**
auch wenn man ein Telefongespräch beendet: **com licença**

Telefonieren

Es gibt fast nur noch Kartentelefone. Zwei Gesellschaften teilen
sich den Markt: **credifone**, die im ganzen Land verbreitet ist,
und **TLP**, die nur in Lissabon und Porto operiert. Die Karten
beider Gesellschaften (50 oder 120 Einheiten) bekommt man
auf der Post **correios** oder in einem Tabakgeschäft **tabacaria**:
«**Um credifone, por favor.**» Die Telefonhäuschen sind nur auf
einen Typ Karte **cartão** eingerichtet. In Lissabon und Porto fin-
det man sehr viel häufiger TLP-Zellen. Aber im Notfall ist ein
Café nicht weit, wo man immer ein Telefon mit Zähler findet,
was etwas kostspieliger ist. In- und ausländische Ferngespräche
sind ziemlich teuer.

Hier fehlt's

Lesen Sie die Dialoge durch, und tragen Sie die fehlenden Wörter ein. Wenn Sie nicht weiterwissen, dann holen Sie sich auf der nächsten Seite Rat:

Olá e adeus!

Dialog 1

Olá, Rita.
Olá, ... dia, António.
.... estás?
Muito ...., obrigada, e tu?
Mais ou ....
Onde trabalhas?
Eu? Num café.
.... empregado?
Sim, sou.
Trabalhas – a que horas?
.... cinco.
São cinco!
Cinco em ...?
Não, cinco menos cinco.
Adeus, Rita, ... amanhã.
Adeus, António.

Dialog 2

Boa noite.
Boa ....
Desculpe, como se ....?
O meu nome .... Christa Meier.
Como?
Sou a Christa Meier.
Não é portuguesa?
Não, ... alemã.
Fala bem ....
Obrigada.
O .... de telefone?
Um, um, um, um, zero, um.
Ah, sim?
Sim, sim, adeus!

Hören Sie sich die Dialoge von der Cassette an, oder lesen Sie sie durch. Vergleichen Sie die Lösungen, die Sie gefunden haben, und sprechen Sie sie einfach nach:

Hallo und tschüs!

Dialog 1

Olá, Luísa.
Bom dia, Francisco.
Como estás?
Bem, obrigada, e tu?
Mais ou menos.
Onde trabalhas?
Eu? Num café.
És empregado?
Sim, sou.
Trabalhas – a que horas?
Às quatro.
São quatro!
Quatro em ponto?
Não, quatro e cinco.
Adeus, Luisa, até amanhã.
Adeus, Francisco.

Dialog 2

Boa noite.
Boa noite
Desculpe, como se chama?
O meu nome é Petra Schmidt.
Como?
Sou a Petra Schmidt.
Não é portuguesa?
Não, sou alemã.
Fala bem português.
Obrigada.
O número de telefone?
Zero, um, zero, zero, zero, zero.
Ah, sim?
Sim, sim, adeus!

Prüfstand

1. Was ist korrekt?

1. O senhor é... Alemanha.   **a** da   **b** sou   **c** onde

2. Olá, ... dia.   **a** boa   **b** bom   **c** como

3. Seis horas em... .   **a** mais   **b** ponto   **c** muito

4. Tudo..., obrigado.   **a** bem   **b** tarde   **c** obrigado

5. Como se... o professor?   **a** fala   **b** chamas   **c** chama

6. Que horas...?   **a** sim   **b** sou   **c** são

2. Welches Wort paßt nicht in die Reihe?

1. bom dia – boa tarde – como está – boa noite
2. às quatro – mais ou menos – são cinco – às sete menos dez
3. da Alemanha – português – alemã – empregado
4. dois – seis – sim – nove

3. Zu welcher Frage gehört die Antwort?

1. Sou Adélia Santos.
    a Como estás?
    b És estudante?
    c Como se chama?

2. São cinco menos seis.
    a Trabalha em Lisboa?
    b Que horas são?
    c Onde trabalha?

3. Às cinco.
    a Que horas são?
    b O número de telefone?
    c A que horas?

4. Não, sou alemão.
    a É português?
    b És professor?
    c Fala alemão?

5. Num café.
    a Trabalha às oito?
    b Onde trabalha?
    c É empregada?

Prüfstand

4. Sagen Sie die Uhrzeit: «são nove»

1. neun Uhr
2. fünf Uhr
3. zwei Uhr

4. Viertel nach drei
5. zehn vor sechs
6. halb fünf

5. Die Zahl davor und danach, in Buchstaben bitte?

1. .... dois ....
2. .... oito ....
3. .... cinco ....

4. .... nove ....
5. .... um ....
6. .... três ....

6. Haben Sie aufgepaßt?

1. An der Copa Cabana in Rio spricht man
  a espanhol.
  b português.
  c portunhol.

2. Brasilianische Seifenopern laufen
  a nicht in Europa.
  b nur im Kino.
  c im portugiesischen Fernsehen.

3. «Açucar» und «azeitona», Zucker und Oliven sind
  a Wörter der Hochsprache.
  b am Ende im Wörterbuch zu finden.
  c Wörter aus der Maurenherrschaft.

4. «Até logo» ist eine Formel für
  a den Abschied.
  b die Begrüßung.
  c logisches Denken.

5. Telefonnummern im Telefonbuch zu finden
  a ist kinderleicht.
  b gelingt nicht immer ohne weiteres.
  c bedarf der Hilfe eines Einheimischen.

6. Um jemanden aufzusuchen, braucht man unbedingt
  a die Hausnummer.
  b eine Straßenkarte.
  c eine Wünschelrute.

Boa
Viagem

Gute Reise

Kreuz und quer durchs Land

Portugal offenbart sich nicht sofort durch atemberaubende Naturschönheiten wie auf dem Präsentierteller. So klein das Land ist, so abwechslungsreich sind doch seine Landschaften. Wechselhaft sind Klima und Wetter. Über *Trás-os-Montes* lastet in den Sommermonaten eine Höllenglut, die schon sprichwörtlich geworden ist, und die Wälder im *Minho* wirken schlaff und angegraut. An der Küste spendet die feuchte Atlantikluft im Sommer angenehme Kühle, dagegen läßt sie im Winter Schimmel an die Wände und Rheuma in die Knochen kriechen. Der mediterrane Einfluß bringt wiederum in den Wintermonaten Kamelien und Mimosen zum Blühen, und statt Schnee bedecken Mandelblüten den Nordosten des Landes. Im Herbst trifft man die weiten Hügel des *Alentejo* noch ausgedörrt von der Sommerhitze an, zur gleichen Zeit weidet sich das Auge schon am farbenprächtigen Weinlaub im Tal des *Douro*.

Mit dem Auto

Fünf Uhr nachmittags: mittlere Kleinwagen verstopfen die Städte und Umgehungsstraßen. Langsam fängt der Staat an, die auf einen gemäßigten Verkehr eingestellte Infrastruktur zu verbessern, um der unaufhaltsamen Blechlawine Herr zu werden. Die Zeitungen informieren täglich über die neuesten Verkehrsführungen, und selbst der Einheimische wundert sich, auf welchen abenteuerlichen Wegen er sich jedesmal durchschlagen muß. Außer *obras* (Baustelle) und *desvio* (Umleitung) ist die Beschilderung spärlich. Die Suche nach einer Autobahn- oder Fernstraßenauffahrt kann sehr nervig werden. Nicht gerade aufschlußreich sind Ausfahrtsschilder mit *trânsito local* (Ortsverkehr). Ohne Stadtplan oder Autokarte ist man aufgeschmissen.

Bis zum Eintritt in die Europäische Union 1987 wurde der Ausbau der Ost-West-Verbindungen stiefmütterlich behandelt. Brauchte man früher sieben Stunden von der spanischen Grenze bis zur Küste, schafft man es heute auf den dreispurigen Schnellstraßen in drei. Hat es mal gescheppert, ist der Stau absehbar. Niemandem fällt es ein, die Karossen an den Straßenrand zu schieben. Man wartet auf die Polizei oder handelt die Sache selbst aus, um die Versicherungsbürokratie zu umgehen. Es gibt noch jede Menge Fahrzeuge, die nicht versichert sind. Das legt eine Vollkaskoversicherung bei einem Besuch mit dem eigenen Auto nahe.

Das Parken, *estacionamento,* will gelernt sein: entweder auf dem Bürgersteig oder in der zweiten Reihe, um schnell ein paar Scheine aus dem Geldautomaten zu ziehen, einen Brief einzuwerfen oder einen Plausch mit einem Bekannten zu halten.

Der Halt an einem Aussichtspunkt, *miradouro,* ist für Portugiesen keine Pause, sondern das Ausflugsziel an sich: am Meer zum Sonnenuntergang oder in den Bergen zum Panoramablick. Im Auto hört man die Fußballübertragung, liest die Zeitung; die Mama widmet sich der Handarbeit, der Papa hält ein Nickerchen, und Verliebte machen sich schöne Augen. Da die jungen Leute auch nach der Heirat aus finanziellen Gründen und aus Wohnungsnot oft noch bei den Eltern wohnen, ist das Auto für sie ein Schritt zur sexuellen Freiheit. Ungewollt wird man zum Voyeur, wenn man an einem vor Leidenschaft wackelnden Gefährt vorbeigeht. Oder man verzweifelt auf der Landstraße, weil das fahrende Liebesnest vor einem mit nur 30 Stundenkilometern durch die Gegend zuckelt. Bitte nicht hupen!

com certeza – gewiß (mit Gewißheit)

im Sinne von
jawohl, der Herr/die Dame
klingt antiquiert,
geht aber in der portugiesischen Sprache *in Ordnung.*

queria – ich möchte oder Sie möchten:

queria a chave	ich möchte den Schlüssel
queria a chave?	Sie möchten den Schlüssel

queria + Infinitiv – wie im Deutschen ich möchte + Infinitiv.

queria telefonar	ich möchte telefonieren
queria falar	ich möchte sprechen
queria ser o dono	ich möchte der Besitzer sein

tem _Sie haben_	**então** _also_
o quarto _das Zimmer_	**a noite** _die Nacht_
para _für_	**com certeza** _gewiß_
a pessoa _die Person_	**queria** _ich möchte / Sie möchten_
o momento _der Moment_	**quantas pessoas?** _wie viele Personen?_
quanto custa? _wieviel kostet?_	
o escudo _der Escudo_	**a cama de casal** _das Doppelbett_
com _mit_	**o bilhete de identidade** _der Personalausweis_
o banho _das Bad_	**aqui** _hier_
claro _selbstverständlich_	**a chave** _der Schlüssel_
está bem _gut_	

Mehr Zahlen

10	**dez**	20	**vinte**	30	**trinta**
11	**onze**	21	**vinte e um / uma**	40	**quarenta**
12	**doze**	22	**vinte e dois / duas**	50	**cinquenta**
13	**treze**	23	**vinte e três**	60	**sessenta**
14	**catorze**	24	**vinte e quatro**	70	**setenta**
15	**quinze**	25	**vinte e cinco**	80	**oitenta**
16	**dezasseis**	26	**vinte e seis**	90	**noventa**
17	**dezassete**	27	**vinte e sete**	100	**cem**
18	**dezoito**	28	**vinte e oito**	101	**cento e um/uma**
19	**dezanove**	29	**vinte e nove**	1000	**mil**

Das meiste zuerst: Tausender, Hunderter, Einer, Zehner

portugiesisch	deutsch
dezasseis: 10 (+) 6	sechzehn: 6 (+) 10
vinte e um: 20 + 1	einundzwanzig: 1 + 20

Einzahl	**Mehrzahl** immer mit **s**
um quarto	dois quarto**s**
um bilhete	dois bilhete**s**
uma pessoa	duas pessoa**s**
uma noite	duas noite**s**
uma hora	duas hora**s**

Schon gemerkt?
Die «Zwei» ist das schwarze Schaf unter den Zahlen.

männlich: dois;	**weiblich: duas.**
um professo**r**	seis professor**es**
um senho**r**	três senhor**es**

Nach **-r, -s, -z** ist die Mehrzahl **es**.

Im Hotel

Boa tarde.	Guten Tag.
Boa tarde.	*Guten Tag.*
Tem um quarto?	Haben Sie ein Zimmer?
Para duas pessoas?	*Für zwei Personen?*
Não, para uma.	Nein, für eine.
Um momento, por favor.	*Einen Moment, bitte.*

Quanto custa o quarto?	Wieviel kostet das Zimmer?
Seis mil escudos.	*Sechstausend Escudos.*
Com banho?	Mit Bad?
Claro.	*Selbstverständlich.*
Está bem. Então para duas noites.	Gut. Also für zwei Nächte.
Com certeza.	*Gewiß.*

Queria um quarto.	Ich möchte ein Zimmer.
Para quantas pessoas?	*Für wie viele Personen?*
Para duas.	Für zwei.
Queria com cama de casal?	*Möchten Sie's mit Doppelbett?*
Não, com duas camas.	Nein, mit zwei Betten.

Tem bilhete de identidade?	Haben Sie den Personalausweis?
Faz favor.	*Bitte sehr.*
Obrigada, aqui tem a chave.	Danke, hier ist der Schlüssel.
Obrigado, até amanhã.	*Danke, bis morgen.*

tem?   haben Sie?

mit **tem** bekommen Sie alles:

tem telefone?	haben Sie Telefon?
tem cigarros?	haben Sie Zigaretten?
tem um quarto?	haben Sie ein Zimmer?

---

por favor   faz favor

por favor	bitte, wenn man um etwas bittet
faz favor	bitte sehr, wenn man etwas überreicht

üben

1. Bilden Sie die komplette Frage nach dem Preis:

«*Quanto custa* **o quarto**?»

1. o quarto   **2.** um quarto com banho   **3.** o táxi   **4.** o café
5. um quarto com três camas   **6.** o bilhete para Lisboa

2. In einer Warteschlange stehen Personen vor Ihnen:

«**duas** *pessoas*»

1. 2:	**2.** 17:	**3.** 8:	**4.** 34: ......
5. 12:	**6.** 25:	**7.** 22:	**8.** 11: ......

3. Welche Antwort ist richtig?

1. Quanto custa um quarto?
    a Está bem.   **b** Cinco mil.

2. Tem um quarto para uma pessoa?
    a Sim, um momento, por favor. **b** Aqui tem a chave.

3. Queria um quarto com banho?
    a Não, com duas camas.   **b** Sim, está bem.

4. Tem a chave?
    a Aqui tem a chave.   **b** Aqui tem o bilhete de identidade.

5. Para quantas noites?
    a Para três pessoas.   **b** Para uma noite.

4. Wie sagen Sie es höflich auf portugiesisch?

1. Sie wollen ein Zimmer.   **2.** Sie wollen ein Doppelbett.
3. Sie wollen den Schlüssel.   **4.** Sie wollen einen Kaffee.

Com banho ist im Hotel
häufig Toilette mit Dusche, **douche**,
seltener mit Badewanne, **banheira**.

Toilette für jede Notdurft
Fragt man danach, heißt's **casa de banho.**
H steht für **homens** Herren, **S** für **senhoras** Damen. Für die
Herren gibt's manchmal noch was Antikes: ein schmiedeeisernes
Pißhäuschen. Manche davon stehen schon unter Denkmalschutz.

Mit dem Bus

In den Innenstädten kommt man schneller mit Stadtbussen voran.
Die sind zwar brechend voll, haben aber auf vielen Straßen eine eigene
Fahrspur. Diszipliniert geht es zu: Man reiht sich an den Haltestellen,
paragem, in die Warteschlange ein und sollte nicht vergessen, dem
gewünschten Bus ein Handzeichen zu geben, damit er auch anhält.

Die staatliche Busgesellschaft *Rodoviária Nacional* ist seit einiger Zeit
pleite und wird privatisiert. Selbst Überlandfahrten sind nun dünn gesät;
der Lokalverkehr beschränkt sich auf Markttage und fällt am Wochen-
ende oft schon mal ganz aus. Da hilft dann nur noch das Taxi.

Mit der Bahn

Die Hauptstrecke Lissabon – Porto ist als einzige voll elektrifiziert und
durchgehend zweigleisig. Beim Bau der Nebenstrecken orientierte man
sich an den Flußläufen. Wer Zeit und Muße hat, sollte sich auf diese
abgelegeneren Schmalspurstrecken wagen: sie führen durch landschaft-
lich reizvolle Gegenden, die man mit Auto oder Bus nur schwer erkun-
den kann. Solange es noch geht – immer mehr dieser Strecken werden
nämlich stillgelegt. Manche der kleinen Bahnhöfe sind mit Kacheln,
azulejos, ausgeschmückt, bemalt mit Motiven aus der umliegenden
Gegend. Die dazugehörenden Gärtchen der Stationsvorsteher verwahr-
losen langsam. Wundern Sie sich nicht, wenn der Zug mitten auf der
Strecke stehenbleibt und Lok samt Lokführer und Schaffner die Waggons
im Stich lassen. Die Fahrgäste, eingequetscht zwischen Kanistern voll von
Olivenöl oder Wein, beruhigen ihre quengelnden Kinder. Jeder hat eine
andere Erklärung für den unvorhergesehenen Aufenthalt. Aber niemand
beschwert sich, allenfalls stößt jemand einen fatalistischen Seufzer aus:
«*é a vida*» (das ist das Leben).

As Estradas – die Straßen

auto-estrada – Autobahn, beachtliche Gebühren löhnt man
an den Zahlhäuschen **portagem** kurz hinter der Auffahrt
IP für *itenário principal* – dreispurige Fernstraße
IC für *itenário comunitário* – gut ausgebaute Überlandstraße
EN für *estrada nacional* – Nationalstraße
rua heißt Straße innerhalb der Städte und Dörfer

fica *liegt, ist (befindet sich)*	**para** *zu, nach, für*
sei *ich weiß*	**o aeroporto** *der Flughafen*
a estação *der Bahnhof*	**depressa** *schnell*
fácil *leicht*	**parte** *fliegt ab, fährt ab*
sempre em frente *immer geradeaus*	**o avião** *das Flugzeug*
longe *weit*	**daqui a** *in (zeitlich)*
perto *nah*	**ida e volta** *Hin- und Rückfahrt*
a pé *zu Fuß*	**só** *nur, erst*
de nada *nichts zu danken, keine Ursache*	**o comboio** *der Zug*
	a linha *das Gleis*
nada *nichts*	**agora** *jetzt*

mehr Mehrzahl

o comboio	**os** comboi**os**	die Züge
a linha	**as** linha**s**	die Gleise
	Aber:	
a esta**ção**	**as** esta**ções**	die Bahnhöfe
	gesprochen: [**-euisch**]	
	-**ão** wird häufig zu -**ões**.	
	Ausnahme:	
o alem**ão**	os alem**ães**	die Deutschen
	gesprochen: [**-aisch**]	

präzise gedacht: **daqui a** – in
daqui a dois dias heißt (von jetzt an gerechnet) **in** zwei Tagen.

o Porto – Porto

bedeutet *der Hafen*. Die Engländer haben angenommen, daß der Artikel zum Namen gehört, und so wurde Porto zu Oporto. Einige wenige Orts- und fast alle Ländernamen haben einen Artikel: **a** Alemanha, **a** Itália, **o** Brasil. Aber: Portugal.

Unterwegs

Desculpe, onde fica o Hotel Borges?	Entschuldigung, wo liegt das Hotel Borges?
Não sei.	*Ich weiß nicht.*

Por favor, onde fica a estação?	Bitte, wo liegt der Bahnhof?
É fácil, sempre em frente.	*Das ist einfach, immer geradeaus.*
É longe?	Ist es weit?
É perto, cinco minutos a pé.	*Es ist nah, fünf Minuten zu Fuß.*
Muito obrigada.	Danke sehr.
De nada.	*Keine Ursache.*

Para o aeroporto, depressa.	Zum Flughafen, schnell.
A que horas parte o avião?	*Um wieviel Uhr fliegt das Flugzeug ab?*
Daqui a vinte minutos.	In zwanzig Minuten.

Dois bilhetes para o Porto.	Zwei Fahrkarten nach Porto.
Ida e volta?	*Hin- und Rückfahrt?*
Só ida, por favor.	Nur hin, bitte.

O comboio para Tomar?	Der Zug nach Tomar?
Linha seis.	*Gleis sechs.*
Parte agora?	Fährt er jetzt ab?
Não, só daqui a cinco minutos.	*Nein, erst in fünf Minuten.*

Rund um den Zug

In jeder größeren Bahnstation sind Faltfahrpläne für einzelne Linien ausgelegt. Ein Fahrplan für das gesamte Eisenbahnnetz **Guia Horário Oficial** wird zum Verkauf für wenig Geld angeboten.

Rápidos – Schnellzüge

mit Platzreservierungspflicht; Vorverkauf bis zu zehn Tagen möglich; ratsam für das Wochenende.

Alfa	der schnellste Zug
IC	für *intercidades*, bedeutend billiger als der Alfa und fast genauso schnell

senhas – Sammelfahrschein

für öffentliche Verkehrsmittel. Auch gibt's eine ermäßigte Touristenkarte, **cartão turístico,** und eine Tageskarte, **senha diária.**

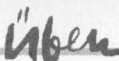

1. Wie lautet die richtige Antwort?

1. Onde fica o aeroporto?   **a** Linha oito.
b É longe.

2. Ida e volta?   **a** Não sei.
b Sim, por favor.

3. A que horas parte o comboio?   **a** Às nove menos cinco.
b É fácil.

4. É perto?   **a** Só dez minutos a pé.
b Parte agora.

5. Quanto custa um bilhete?   **a** Para uma pessoa.
b Dois mil e cem.

2. Verdoppeln Sie:

1. um minuto: *dois minutos*   **2.** uma hora: ....
3. um bilhete: ....   **4.** um comboio: ....
5. uma linha: ....   **6.** um senhor: ....
7. um avião: ....

3. Wie heißt's auf portugiesisch?

1. Ist es weit? **2.** Nichts zu danken. **3.** Um wieviel Uhr fährt er ab?
4. Nach Lissabon, bitte. **5.** Zum Bahnhof. **6.** Nur hin, bitte. **7.** Ich weiß
nicht. **8.** Er fährt in zehn Minuten ab.

4. Lösen Sie Fahrkarten:

«*Três bilhetes para Coimbra, por favor*»

1. 3-Coimbra **2.** 1-Lisboa **3.** 2-Olhão **4.** 4-o Porto **5.** 2-Braga
6. 5-a Figueira da Foz

Reisebusse

Die staatliche Busgesellschaft **Rodoviária Nacional** und private
Busunternehmen setzen **Expressos** ein. Sie fahren im ganzen Land
die größeren Orte an und sind billiger als der Zug.

Ferien à portuguesa

Auf an die Küste im Juli und August zum *fazer praia* (Strand machen). Keiner scheut die endlosen Stauschlangen Richtung Süden. Mittlerweile ist der Urlaub im *Algarve* auch für die Portugiesen erschwinglich geworden. Die Rezession hat selbst dort das Tourismusgeschäft ereilt. Als die ausländischen Gäste wegblieben, setzte man auf den neuen Wohlstand der eigenen Landsleute. Die Unterkunft in einer *pousada* – Edelhotel, meist in restaurierten historischen Gebäuden – leistet man sich aber allenfalls in den Flitterwochen. *Pousadas* und alle besseren Hotels sind mit einer Pauschalbuchung vom Ausland aus bedeutend preiswerter.

Die nördlichen Strände waren und sind seit eh und je in portugiesischer Hand. Dort findet man neben Fischerdörfern auch schöne alte Badekurorte. Sie waren früher das Ferienziel der Oberschicht und der Weingutbesitzer aus dem Dourotal, wie die Strandvillen aus der Jahrhundertwende vor Augen führen. Von dieser distinguierten Exklusivität ist heute nichts mehr übrig. Man fürchtet im Juli und August die beschauliche Langeweile der Badegäste. Dagegen hilft nur eins: Musik muß her und möglichst bis in die Nacht über Dünen, Promenaden, Parkplätze dudeln. Am 1. September ist der Spuk vorbei: keine Lautsprecher, keine Bretterbuden, keine Strandhäuschen mehr. Das Zweimonatsgeschäft ist gemacht, und die Küste fällt erneut in einen Dornröschenschlaf. Der Strand gehört wieder den herrenlosen Hunden, Liebespaaren, wenigen Spaziergängern und Joggern, die eine kühlere Brise nicht scheuen.

Ein verbreitetes Wochenendvergnügen der Städter ist die Hamsterfahrt zu Verwandten ins Heimatdorf. Dort wird abgestaubt, soviel in den Kofferraum paßt: Kartoffeln, Zwiebeln, Wein, Olivenöl, selbstgebrannter Schnaps und Hausmacherwürste.

«a» und Artikel verschmelzen

a + o	→	ao	a + a	→	à
a + os	→	aos	a + as	→	aos

o rápido _der Schnellzug_	**directo** _direkt_
hoje _heute_	**pára em** _hält (an) in_
há _es gibt_	**um pouco** _etwas (ein wenig)_
de manhã _morgens, früh_	**é melhor** _es ist besser_
quando? _wann?_	**o eléctrico** _die Straßenbahn_
chega a _kommt an in_	**de** _mit, von_
primeira _erste_	**a paragem** _die Haltestelle_
segunda _zweite_	**mesmo** _gleich, gerade_
o fumador _der Raucher_	**à direita** _rechts_
o autocarro _der Bus_	

Wo ist was?

à direita	_rechts_
à esquerda	_links_
ao lado	_nebenan_
em frente	_geradeaus, gegenüber_
a direito	_geradeaus_

Lieber nachfragen, ob's à **direita** nach rechts
oder a **direito** / **em frente** geradeaus geht.

Der Tag

a manhã der Morgen   **a tarde** der Nachmittag   **a noite** die Nacht

Die Tageszeit

às oito **da manhã** – um acht Uhr _morgens_	**de manhã**
às três **da tarde** – um drei Uhr _nachmittags_	**de / à tarde**
às oito **da noite** – um acht Uhr _abends_	**de / à noite**

Nach der Uhrzeit steht **da** manhã/tarde/noite.
Alleine steht **de**:
Chega **de** manhã – Er kommt _morgens_ an.

amanhã à noite heißt _morgen abend/nacht_

Der Weg ist das Ziel

Para Coimbra no rápido.	Nach Coimbra im Schnellzug.
Para hoje?	*Für heute?*
Não, para amanhã.	Nein, für morgen.
Há um às oito de manhã.	*Es gibt einen um acht Uhr morgens.*
Quando chega a Coimbra?	Wann kommt er in Coimbra an?
Às dez e vinte cinco.	*Um zehn Uhr fünfundzwanzig.*
Está bem.	Gut.
Em primeira ou em segunda?	*Erster oder zweiter?*
Em segunda, por favor.	Zweiter, bitte.
Fumador ou não-fumador?	*Raucher oder Nichtraucher?*
Fumador.	Raucher.

Quando chega ao Porto?	Wann kommt er in Porto an?
À uma hora.	*Um ein Uhr.*

Para Faro, por favor.	Nach Faro, bitte.
Há um autocarro às quatro.	*Es gibt einen Bus um vier.*
É directo?	Ist er direkt?
Sim, só pára em Albufeira.	*Ja, er hält nur in Albufeira.*

Onde fica Belém?	Wo liegt Belém?
É um pouco longe.	*Es ist etwas weit.*
Há um autocarro para la?	Gibt es einen Bus dorthin?
É melhor de eléctrico.	*Es ist besser mit der Straßenbahn.*
Onde é a paragem?	Wo ist die Haltestelle?
Mesmo aqui à direita.	*Gleich hier rechts.*

1. Sagen Sie die nächste Zahl

«*onze*»

1. dez (10) **2.** vinte e nove (29) **3.** treze (13) **4.** cinco (5) **5.** dezasseis (16) **6.** sessenta e três (63) **7.** doze (12) **8.** quarenta e nove (49)

2. Welche Antwort paßt?

1. Em segunda?	**a** Não, para amanhã.
2. Onde é o aeroporto?	**b** Aqui não há.
3. Para hoje?	**c** Não, em primeira.
4. Há um hotel?	**d** Às onze e dez.
5. Quando chega a Faro?	**e** É um pouco longe.

3. Sagen Sie wann:

«*às seis da manhã*»

1. um 6.00 morgens **2.** um 9.00 morgens **3.** um 3.00 nachmittags
4. um 8.00 abends **5.** um 2.00 nachmittags **6.** um 1.00 nachmittags
7. um 11.00 morgens **8.** um 10.00 abends **9.** um 5.00 nachmittags

4. Damit kommen Sie besser hin:

«*é melhor de eléctrico*»

1. eléctrico **2.** comboio **3.** avião **4.** autocarro **5.** metro **6.** táxi **7.** carro

5. Fragen Sie nach der Abfahrt:

«*Quando parte o avião?*»

1. avião **2.** autocarro **3.** comboio para Lagos **4.** o intercidades para Braga **5.** o Alfa para o Porto

6. Fragen Sie nach der Ankunft:

«*Quando chega a Castelo Branco?*»

1. Castelo Branco **2.** Portimão **3.** o Porto **4.** Faro **5.** a estação
6. Vila Real **7.** o aeroporto **8.** o hotel

Alle Wörter

Unterkunft

Bad
o banho

Doppelbett
a cama de casal

Person
a pessoa

Personalaus-weis
o bilhete de identidade

Schlüssel
a chave

Zimmer
o quarto

wie viele Personen?
quantas pessoas?

Escudo (ca. 10 Pfennige)
o escudo

wieviel kostet?
quanto custa?

Verben

es gibt
há

es ist gut so
está bem

es ist besser
é melhor

fliegt, fährt ab
parte

hält (an) in
pára em

ich möchte, Sie möchten
queria

ich weiß
sei

kommt an in
chega a

ist, liegt, befindet sich
fica

Sie haben
tem

Rumkommen

Bahnhof
a estação

Bus
o autocarro

direkt
directo

Flughafen
o aeroporto

Flugzeug
o avião

Gleis
a linha

Haltestelle
a paragem

Hin- und Rückfahrt
ida e volta

Raucher
o fumador

Schnellzug
o rápido

Straßenbahn
o eléctrico

zu Fuß
a pé

Zug
o comboio

Kleine Wörter

also
então

erste
primeira

etwas
um pouco

für
para

gewiß
com certeza

gleich
mesmo

nichts zu danken
de nada

leicht
fácil

mit
com

mit, von
de

nichts
nada

nur, erst
só

selbstverständlich
claro

zweite
segunda

Raum

hier
aqui

zu, nach, für
para

immer gerade-aus
sempre em frente

nah
perto

rechts
à direita

weit
longe

Zeit

heute
hoje

in (zeitlich)
daqui a

jetzt
agora

Moment
o momento

morgens, früh
de manhã

Nacht
a noite

schnell
depressa

wann?
quando?

Service

Alojamento – Unterkunft

Die Güteklasse wird durch die Anzahl der Sterne ausgewiesen.

preisgünstig:

Hospedaria – die einfachste Unterkunft
Pensão – meist ältere Gebäude
Residencial – die moderne Pensão
In touristischen Gegenden werden auch Privatzimmer angeboten. Auf einem Schild liest man: **aluga-se quartos** – Zimmer zu vermieten

kostspieliger:
Hotel
Pousada – noble historische Gebäude, staatlich verwaltet
Albergaria – wie Pousada, aber von privat
Estalagem – wie Albergaria
TER (Turismo No Espaço Rural) – edle Bauernhäuser und Gutshöfe. Hinweis: ein weißes Haus in einem Baum. Ein Bett gibt's nur für mindestens 3 Tage, wegen der Wäsche.

Im **Portugiesischen Touristikamt**, Kaiserstraße 66, 60329 Frankfurt, Tel. 0 69-23 40 94 / 7, sowie in den Touristenämtern in Lissabon und Porto gibt es auch auf deutsch den Offiziellen Touristik-Unterkunftsführer – **Alojamento Turístico** – mit allen Adressen sowie ausführlichere Führer für TER, Camping, Thermalbäder und Pousadas.

Carro de aluguer – Mietauto

Oft ist es billiger, schon zu Hause zu buchen, will man nicht an den Flughäfen die Mietbüros nach dem günstigsten Angebot abklappern. Die meisten Mietwagen fahren ohne Blei, **sem chumbo**, fast an jeder Tankstelle, **posto de gasolina**, zu zapfen. Diesel heißt **gasóleo**. Benzinpreise sind so hoch wie in Deutschland!

Táxi!

Taxis fahren in den Städten mit Taxameter, außer wenn ein A auf den Vordertüren steht. In dem Fall wird der Preis nach Kilometern berechnet, was teurer werden kann. Auch gibt es ein **Rádio-Táxi** per Telefon zu bestellen. Für Gepäck im Kofferraum bezahlt man einen Zuschlag. Ein Schildchen zeigt an, ob das Taxi **livre,** frei, oder **em serviço**, besetzt, ist.

Hier fehlt's

Lesen Sie die Dialoge durch, und tragen Sie die fehlenden Wörter ein. Wenn Sie nicht mehr weiterwissen, dann holen Sie sich auf der nächsten Seite Rat.

No estrangeiro

Dialog 1

Desculpe, ... fica o Hotel Metropole?
Mesmo no centro de Lisboa.
.... perto?
Mais ou ...., cinco quilómetros.
.... eléctrico?
Não há, é melhor .... táxi.

Dialog 2

Bom dia.
.... dia, para onde?
.... o Hotel Metropole, por favor.
Está ....

É aqui?
Sim, mesmo aqui, ... direita.
.... custa?
Mil e cem ....
Adeus.

Dialog 3

.... tarde.
Boa tarde.
.... quartos?
Para duas ....?
Sim, com banho, por ....
Há .... número quinze com cama de casal.
Não, ... melhor com duas camas.
Há o .... dezoito.
Está bem, ... duas noites.

Dialog 4

Queria dois .... para Sintra.
Ida e ....?
Sim, por favor.
Trezentos escudos.
Quando se .... a Sintra?
.... onze horas.

Hören Sie sich die Dialoge von der Cassette an, oder lesen Sie sie
durch. Vergleichen Sie die Lösungen, die Sie gefunden haben, und
sprechen Sie sie einfach nach:

In der Fremde

Dialog 1

Desculpe, onde é a Pensão Paulista?
Mesmo no centro do Porto.
É longe?
Mais ou menos, quinze quilómetros.
Há autocarro?
Há, mas é melhor de táxi.

Dialog 2

Bom dia.
Bom dia, para onde?
Para a Pensão Paulista, por favor.
Está bem.

É aqui?
Sim, mesmo aqui, à direita.
Quanto custa?
Dois mil e quatrocentos escudos.
Adeus, obrigada.

Dialog 3

Boa noite.
Boa noite.
Tem um quarto?
Para quantas pessoas?
Só para uma pessoa, por favor.
Há o número treze.
Não, é melhor não!
Há o número onze.
Está bem, para uma noite.

Dialog 4

Queria três bilhetes para Guimarães.
Ida e volta?
Só ida, por favor.
Quinhentos escudos.
Quando se chega a Guimarães?
Às duas da tarde.

1. Was paßt, a, b oder c?

1. Quanto … o quarto?
a há
b custa
c fica

2. Com … tem banho.
a então
b hoje
c certeza

3. É muito…, duas horas a pé.
a longe
b fácil
c depressa

4. Parte … a vinte minutos.
a daqui
b às
c agora

5. É … de táxi.
a sempre
b aqui
c melhor

6. Queria em primeira ou em…?
a linha
b fumador
c segunda

2. Was gehört zusammen?

1. de nada
2. a pé
3. com certeza
4. não sei
5. está bem

a gut
b gewiß
c ich weiß nicht
d zu Fuß
e nichts zu danken

3. Was paßt nicht in die Reihe?

1. parte – chega – pára – chama
2. eléctrico – autocarro – momento – táxi – comboio – avião
3. à direita – em frente – a pé – aqui
4. banho – cama – volta – chave – quarto

Prüfstand

4. Was sagen Sie in dieser Situation?

1. Im Hotel: Sie möchten ein Zimmer für zwei Personen.
2. Im Taxi: Sie möchten schnell zum Flughafen.
3. Am Schalter: Sie möchten eine Fahrkarte nach Coimbra.
4. Im Bus: Sie möchten wissen, wo die Haltestelle ist.
5. Auf der Straße: Sie möchten wissen, ob es nah ist.
6. Bei der Information: Sie fragen, ob es einen Zug nach Cascais gibt.

5. Haben Sie aufgepaßt?

1. Zeitungen berichten über
    a lange Leitungen.
    b Umleitungen.
    c Staßen, auf denen man Abenteuer erlebt.

2. Die Polizei wird selten beansprucht
    a bei einem Versicherungsbetrug.
    b bei einer Schnitzeljagd.
    c wenn's um einen Blechschaden geht.

3. An einem «miradouro», Aussichtspunkt,
    a richtet man sich häuslich ein.
    b wird Fußball gespielt.
    c werden Pornohefte verkauft.

4. An der Bushaltestelle gilt
    a das Recht: Einer gegen alle.
    b Morgenstund hat Gold im Mund.
    c geduldig warten, bis man an der Reihe ist.

5. Die Flitterwochen verbringt man häufig
    a mit Honig auf dem Mond.
    b in einer Edelherberge, «ponsada».
    c in einer Bretterbude.

6. Die Züge auf den abgelegenen Strecken
    a bleiben oft in der Pampa stehen.
    b sind mit «azulejos» gepolstert.
    c fahren zweigleisig.

6. Sagen Sie's auf deutsch:

1. Quanto custa o quarto? **2.** Onde fica a estação? **3.** Dois bilhetes para Lisboa. **4.** Há um comboio à tarde? **5.** Quando chega a Braga? **6.** O autocarro parte daqui a dez minutos. **7.** Onde é a paragem? **8.** Aqui tem a chave. **9.** É perto, dez minutos a pé.

Guten Appetit

Bom Apetite

Einen Kaffee und einen Schnaps, *um café e um bagaço,* heißt ein Chanson, das in Portugal jeder kennt.

In den Cafés ist der Barbier mit seinem gezückten Messerchen längst nicht mehr anzutreffen. Der Tabakwaren- und Zeitungsverkäufer dagegen bewahrt sich noch sein gemietetes Eckchen. Schuhputzer verrichten ab und an ihre Arbeit in den leider selten gewordenen Kaffeehäusern aus der Kolonialzeit. Man erkennt inzwischen ihren historischen Wert und macht sich daran, sie zu «restaurieren». Das geht häufig auf Kosten der Atmosphäre: verstaubte Lüster, vom Rauch vergilbte Wände, erblindete Spiegel und abgewetzte, lederbezogene Bänke weichen billigem Plastikmobiliar und kaltem Neonlicht. Dem Portugiesen ist die Einrichtung nicht sonderlich wichtig, Hauptsache, der Espresso schmeckt.

Und der wird möglichst heiß herunter-
gekippt.

Auch nach den Mahlzeiten sucht man
das Café auf, das Täßchen zur Ver-
dauung wird lieber außer Haus einge-
nommen. Man plaudert mit Bekannten,
während der Fernseher unvermeidlich
auf Hochtouren läuft und mit end-
losen brasilianischen Seifenopern
(*telenovelas*) beglückt. Gegen fünf gerät
die Bedienung dann ins Schwitzen: Zeit
für die Nachmittagsvesper, *o lanche*,
nach Büroschluß, für Mütter, die ihre
Kinder von der Schule abgeholt haben,
für Frauen nach einem Einkaufsbum-
mel, für Rentner. Sonntagmorgens wird
das Café fast ausschließlich von jungen
kinderlosen Ehepaaren und Ehemän-
nern belebt, die Zeitung lesen und aufs
Mittagessen zu Hause warten.

Das Bedienen ist Domäne der Männer.
Manchmal pfeift man den Kellner mit
«psss psss» heran, was heute mehr als
Spaß zwischen Kunden und Kellnern
gepflegt wird, die sich vertraut sind.
Früher wurde mehr gezischelt. Ein «ksss
ksss» erregte die Aufmerksamkeit der
Kellner, eine Abkürzung für c*om li*cença
– gestatten Sie.

Kippen und leere Zuckertütchen landen
auf dem Boden. Man tue sich keinen Zwang an, kurz vor der Schließung
fegt die Putzfrau alles zusammen. Die Anweisung, nicht auf den Boden
zu spucken, wird heutzutage respektiert und ist als Überbleibsel aus noch
nicht lange vergangenen Zeiten zu verstehen. Die Cafébesitzer rund um
Schulen und Unis versuchen vergeblich, gegen besetzte Tische mit Null-
konsum anzugehen. Keiner der Studenten hält sich an das Schildchen
mit dem Verbot zu studieren: *é proibido de estudar*. Was bleibt ihnen auch
anderes übrig, im feuchten Winter bei unbeheizten Zimmern, von denen
manche nicht einmal ein Fenster haben!

Niemandem würde es einfallen, sich im Café an einen schon besetzten
Tisch zu setzen. Das gilt auch in Restaurants. Südliche Ausgelassenheit
wird man in Portugal nicht antreffen. Im öffentlichen Leben geht es eher

zurückhaltend und diskret zu. Das häufig zu beobachtende Getuschel hinter vorgehaltener Hand, das Zusammenrücken der Köpfe ist vielleicht ein Erbe aus der vierzigjährigen Diktatur Salazars. Dessen Polizei hatte ein weitgefächertes Spitzelnetz im Land gespannt. Mehr als zwei Personen zusammen waren schon verdächtig, da sie ja staatsgefährdende Gespräche hätten führen können.

Frühstück

Tomar o pequeno almoço heißt frühstücken. Man trinkt meist heiße Milch mit einem Schuß Kaffee und hebt sich den Hunger für das Mittagessen auf. Auch ein Schnäpschen oder unter Landarbeitern eine Weinsuppe wird nicht verachtet, um auf Touren zu kommen für die Plackerei. Das Mittagessen, *o almoço,* und das Abendessen, *o jantar,* fallen um so üppiger aus. Auch zwischendurch verhungert niemand. Von den süßen Köstlichkeiten in den Konditoreien abgesehen, gibt es die *petiscos,* pikante Häppchen, die je nach Region variieren. Im Süden zieht man Schnecken, *caracóis*, vor, während man im Norden zum Beispiel auf Hühnermägen, *moelas*, steht. Zum Bier oder Wein in der Kneipe sind solche Appetizers eine willkommene Beilage.

Mein erstes Verb

tomar — trinken/nehmen

(eu)	tomo	**ich** nehme
(tu)	tomas	**du** nimmst
(ele/ela)	toma	**er/sie** nimmt
(o senhor)		**Sie** nehmen
(a senhora)		
(nós)	tom**amos**	**wir** nehmen
(eles/elas)	tom**am**	**sie** nehmen
(vocês)		**ihr** nehmt
(os senhores)		**Sie** nehmen

tomar – *nehmen* nur im Sinne von trinken
genauso fast alle Verben mit der Endung **-ar**
fal**ar** (sprechen), trabal**har** (arbeiten), fic**ar** (liegen/sich befinden), cheg**ar** (ankommen), pag**ar** (zahlen)

tomar *trinken, einnehmen*	**a água** *das Wasser*
o pequeno almoço *das Frühstück*	**sem** *ohne*
tomar o pequeno almoço *frühstücken*	**o gás** *die Kohlensäure*
o chá *der Tee*	**alguma coisa** *(irgend) etwas*
o leite *die Milch*	**comer** *essen*
o croissant *das Croissant*	**a torrada** *der Toast*
simples *einfach*	**pagar** *zahlen*
o queijo *der Käse*	**o quê?** *was?*
	tanto? *soviel?*

Noch mehr Zahlen

100	**cem**		
200	**duzentos**	700	**setecentos**
300	**trezentos**	800	**oitocentos**
400	**quatrocentos**	900	**novecentos**
500	**quinhentos**	1000	**mil**
600	**seiscentos**	1 000 000	**milhão**

Zweimal Hundert

1. wenn's allein steht: 100   **cem**
2. wenn Einer und Zehner dazukommen:
      101   ce**nto e** um;   130   ce**nto e** trinta

Achtung Endung

novecent**os** escud**os**   männlich: -cent**os**
novecent**as** pesso**as**   weiblich: -cent**as**

Zweimal «was?»

O quê? Tanto?   Was? Soviel?
O que paga?   Was zahlen Sie?

Allein steht's mit Akzent **o quê?**, sonst ohne **o que.**

Pronomen
Nur wenn man betonen möchte, benutzt man **eu, tu, ele, ela**.
Die 2. Person Mehrzahl (ihr) hat die gleiche Form wie die 3. Person
Mehrzahl (sie). Betont muß es aber heißen:

vocês tomam um café?   **nehmt ihr** einen Kaffee?
eles tomam um café   **sie nehmen** einen Kaffee

Das Frühstück

Queria tomar o pequeno almoço?	Möchten Sie frühstücken?
Sim, por favor.	*Ja, bitte.*
Toma café ou chá?	Trinken Sie Kaffee oder Tee?
Café com leite, por favor.	*Kaffee mit Milch, bitte.*

Faz favor?	Bitte?
Um café e um croissant.	*Einen Kaffee und ein Croissant.*
Simples?	Einfach?
Não, com queijo.	*Nein, mit Käse.*

Faz favor! Quanto é?	Bitte! Wieviel macht das?
Cento e trinta e cinco.	*Hundertfünfunddreißig.*

Faz favor?	Bitte?
Uma água sem gás.	*Ein Wasser ohne Kohlensäure.*
Alguma coisa para comer?	Etwas zu essen?
Queria uma torrada.	*Ich möchte einen Toast.*

Faz favor! Queria pagar.	Bitte! Ich möchte zahlen.
O que paga?	*Was zahlen Sie?*
Uma água e uma torrada.	Ein Wasser und einen Toast.
São seiscentos e oitenta.	*Das sind sechshundertachtzig.*
O quê? Tanto??	Was? Soviel??
Desculpe, trezentos e oitenta.	*Entschuldigung, dreihundertachtzig.*

Kleine Kaffeekunde

um café	ein Espresso
um cheirinho	ein Espresso mit einem (Düftchen) Schuß Schnaps
uma meia de leite	ein starker Milchkaffee in der Tasse
um galão	ein schwacher Milchkaffee im Glas
uma bica	ist im Süden ein Espresso
uma bica pingada	ist im Süden ein Espresso mit Milch
um cimbalino	heißt er im Norden (nach der italienischen Espressomaschine)
um pingo	ist im Norden Espresso mit wenig Milch

1. Was gehört zusammen?

1. 231	**a** trezentos e quarenta e um
2. 238	**b** novecentos e sessenta e cinco
3. 341	**c** trezentos e catorze
4. 314	**d** duzentos e trinta e um
5. 695	**e** oitocentos e doze
6. 965	**f** duzentos e trinta e oito
7. 812	**g** seiscentos e noventa e cinco

2. Welche Antwort paßt?

1. Toma café ou chá?
    a Chá com leite.
    b Com café.

2. Quanto é?
    a Trezentos e cinquenta escudos.
    b São três horas.

3. O que paga?
    a Com gás.
    b Um croissant e duas torradas.

4. Com ou sem gás?
    a Sem gás.
    b Com leite.

5. Alguma coisa para comer?
    a Queria pagar.
    b Uma torrada.

3. Wieviel zahlen Sie? Sprechen Sie bitte:

«**duzentos e cinquenta** *escudos*»

1. 250$ **2.** 470$ **3.** 740$ **4.** 160$ **5.** 955$ **6.** 1300$ **7.** 2500$
8. 387$ **9.** 420$

4. Sagen Sie's auf portugiesisch:

1. Wieviel macht das? **2.** Etwas zu essen? **3.** Ich möchte zahlen.
4. Trinken Sie Milch oder Wasser? **5.** Was zahlen Sie? **6.** Was? Soviel?

Frühstücksbuffet

a tosta mista	Käse-Schinken-Toast
o queque	trockenes Teilchen (kommt von cake)
o bolo	Törtchen / Kuchen
sandes	belegte Brötchen
	mit gekochtem Schinken **fiambre**,
	rohem Schinken **presunto**.

Kein Land für Gesundheitsapostel und Kostverächter

Fragt man einen Portugiesen im Ausland, was er am meisten vermißt, wird er, voller Sehnsucht, mit *saudade,* antworten: *um cozido à portuguesa,* einen Fleischeintopf mit Kohl und Kartoffeln.

Hervorragenden Fisch gibt es nur an der Küste, wirkliche Vielfalt nur im Süden. Meeresfrüchte, *mariscos,* sind ein Luxus und Statussymbol; nur Touristen mögen sie preiswert finden. Der Stockfisch, *o bacalhau* – einst das Armeleuteessen –, gehört heute zu den teureren Vergnügen und ist Tradition an Heiligabend. Es soll über hundert Zubereitungsarten geben, obwohl man die Stockfischgerichte auf den Speisekarten an fünf Fingern abzählen kann.

Kein Geschäftsabschluß ohne ein gutes Essen, kein Sonntagsessen im Familienkreis und kein Picknick, bei dem die Hausfrau sich nicht vorher verausgabt; ums Essen dreht sich das Leben. Außer in den sehr touristischen Gegenden reicht eine Portion leicht für zwei Personen. Es empfiehlt sich daher, eine halbe Portion, *meia doze,* zu bestellen. Als Gemüsebeilage werden häufig Pommes frites zusammen mit öligem Reis serviert. Der Zusatz *com todos* (mit allem) nach einem Gericht auf der Speisekarte bedeutet immer: gekocht mit Mohrrüben und Kohl, dem Nationalgemüse. Die Berge von Grünzeug auf den Märkten werden zu einer Gemüsesuppe zerkocht. Nach dem Genuß ist bestimmt jeder Suppenkaspar bekehrt. Traditionell wird die Suppe nach dem Hauptgericht, *prato principal,* serviert – in schlechten Zeiten eine Chance, doch noch satt zu werden.

Die portugiesische Küche zeichnet sich eher durch Schlichtheit als durch Raffinesse aus, Eigengeschmack von Fisch und Fleisch stehen im Vordergrund. Der Gewürzhandel der einstigen Weltmacht hat wenig Spuren in den Kochtöpfen hinterlassen.

Anders ist es bei den Süßspeisen, *doces.* Nachtisch und Konfekt mit ihrer orientalischen Üppigkeit sind Relikte der maurischen Kultur und der opulenten mittelalterlichen Klosterküche. Es lohnt sich immer, nach dem lokalen Naschzeug Ausschau zu halten, denn es gibt unzählige delikate Varianten. Eins aber haben sie immer gemein: die Eier, und bevorzugt wird das Gelbe mit viel Zucker versetzt. Renner ist die Nachspeise *molotóf,* ein wahres Cholesterinbömbchen.

a cerveja	*das Bier*	**vamos!**	*gehen wir!*
natural	*ungekühlt*	**a tasca**	*die Kneipe* 
fresco	*gekühlt*	**o tempo**	*die Zeit*
mais nada	*sonst noch was, weiter nichts*	**almoçar**	*zu Mittag essen*
o petisco	*Petisco (herzhaftes Häppchen)*	**o prato do dia**	*das Tagesgericht*
		a carne	*das Fleisch*
temos	*wir haben*	**o peixe**	*der Fisch*
a sande	*das belegte Brötchen*	**depende**	*es kommt darauf an*
mais um	*noch ein*	**o frango**	*das Hähnchen*
já	*schon, gleich*	**o arroz**	*der Reis*
vou	*ich komme, gehe*	**as batatas fritas**	*die Pommes frites*
tenho fome	*ich habe Hunger*		

ter haben

tenho	ich habe
tens	du hast
tem	er/sie hat; Sie haben
temos	wir haben
têm	sie/Sie haben; ihr habt

ir gehen

vou	ich gehe
vais	du gehst
vai	er/sie geht; Sie gehen
vamos	wir gehen
vão	sie/Sie gehen; ihr geht

Wohin gehen?

ir a um restaurante	in ein Restaurant gehen
ir ao café	ins Café gehen

gehen – fahren – fliegen

ir de comboio	mit dem Zug fahren
ir de avião	mit dem Flugzeug fliegen

Kleine und große Häppchen

Faz favor?	Bitte?
Uma cerveja, por favor.	*Ein Bier, bitte.*
Natural?	Ungekühlt?
Não, fresca, por favor.	*Nein, gekühlt, bitte.*
Mais nada?	Sonst noch was?
Há petiscos?	*Gibt es Petiscos?*
Não temos. Só há sandes.	Haben wir nicht. Es gibt nur belegte Brötchen.
Então, mais nada.	*Also, weiter nichts.*

Faz favor! Mais uma cerveja.	Bitte, noch ein Bier.
Já vou.	*Ich komme gleich.*

Tenho fome.	Ich habe Hunger.
Então vamos a uma tasca.	*Also gehen wir in eine Kneipe.*
Não queria petiscos.	Ich möchte keine Häppchen.
O que queria?	*Was möchten Sie?*
Não sei, tenho muita fome.	Ich weiß nicht, ich bin sehr hungrig.
Então vamos a um restaurante.	*Also gehen wir in ein Restaurant.*

Boa tarde.	Guten Tag.
Ainda há tempo?	*Ist noch Zeit?*
Para almoçar? Sim, faz favor.	Zum Mittagessen? Ja, bitte.
Tem pratos do dia?	*Haben Sie Tagesgerichte?*
Carne ou peixe?	Fleisch oder Fisch?
Depende.	*Es kommt darauf an.*
Temos frango com arroz.	Wir haben Hähnchen mit Reis.
Também com batatas fritas?	*Auch mit Pommes frites?*
Não sei, um momento.	Ich weiß nicht, einen Moment.

Bier & Co.

Beim Flaschenbier sind sich Süden und Norden einig:
uma cerveja, por favor! Ansonsten gilt:

	Süden	Norden
gezapftes Bier (klein)	**uma imperial**	**um fino**
gezapftes Bier (groß)	**um fino**	**um príncipe**

Schon der erste Schluck mundet den Germanen. Deutsche haben nämlich bei der Bierentwicklung mitgebraut. Die erste Biersorte hieß übrigens *Germânia*, wurde aber im Ersten Weltkrieg umbenannt.

Üben

1. Was gehört zusammen?

1. Tenho fome.		**a** Ich komme gleich.
2. Faz favor?		**b** Es kommt darauf an.
3. Já vou.		**c** Haben wir nicht.
4. Depende.		**d** Ich habe Hunger.
5. Mais nada.		**e** Weiter nichts.
6. Não temos.		**f** Bitte?

2. Schlagen Sie vor, wo wir hingehen:

«*Vamos a uma tasca*»

1. uma tasca **2.** um restaurante **3.** um hotel **4.** um café **5.** um bar
6. uma pensão

3. Welche Frage paßt zur Antwort?

1. Só há sandes.
    a Há petiscos?
    b O que paga?

2. Há carne ou peixe.
    a Quanto é?
    b Tem pratos do dia?

3. Mais uma cerveja.
    a Mais nada?
    b Com arroz?

4. Sim, tenho muita fome.
    a Vamos a uma tasca?
    b Vamos a um hotel?

4. Bestellen Sie nach:

«*mais uma cerveja*»

1. ein Bier **2.** einen Tee mit Milch **3.** ein Wasser mit Kohlensäure
4. ein Hähnchen mit Reis **5.** ein ungekühltes Bier **6.** ein gekühltes
Wasser **7.** ein Croissant mit Käse **8.** ein Frühstück mit Pommes
frites **9.** einen Toast

Je nach Durst

um copo	ein Glas
uma garrafa	eine Flasche
uma caneca	ein Krug

Tascas

Diese einfachen Weinkneipen sind nicht durch besondere Schilder ausgewiesen, oft aber durch besonderen Wein vom Faß, *vinho da pipa*. Die Tascas sind auch kleine Restaurants, die in dem, was sie bieten, den besseren Häusern nicht nachstehen. Die Atmosphäre ist in der Regel sehr angeregt. Dazu tragen auch die Tischdecken aus Papier bei: nicht nur, daß der Wirt die Rechnung draufkritzelt, auch die Gäste nutzen diese einladende Möglichkeit, Gespräche und Gedanken mit allerlei Strichmännchen zu untermalen.

Kutteln oder Salat

Die Rivalität der beiden Großstädte Lissabon und Porto zeigt sich nicht nur in Politik, Kultur und Fußball, sondern auch beim Essen. Den Einwohnern in Porto wird nachgesagt, daß sie derb und bäuerlich seien und am liebsten Kaldaunen, *tripas*, mögen. Voller Stolz nennen sie sich selbst *tripeiros*, Kuttelfresser. Das hat seinen geschichtlichen Hintergrund: Die Portoenser opferten im 13. Jahrhundert ihren gesamten Viehbestand für die Verpflegung eines Invasionsheeres, das in Afrika wütete, und die Portoenser mußten sich deswegen mit den Eingeweiden begnügen. Die Lisboetas hingegen gelten allen anderen als affektiert und arrogant. Sie werden als *alfacinhas*, Salat-Fritzen, bezeichnet.

Beide verbindet die Liebe zur *sardinha*. In Lissabon gehört der kleine Holzkohlegrill auf der Straße mit dem unverkennbaren Geruch nach angekokelten Sardinen zum Altstadtbild; in Porto sehen die klimatischen Bedingungen zum Leidwesen der Grillfischfans leider weniger günstig aus: Da fällt der Spaß häufig ins Regenwasser.

Picknick

Sonn- und feiertags werden die Portugiesen zu Weltmeistern im Picknicken. Da wird die Familie mit Kind und Oma ins Auto gepackt, und raus geht's ins Grüne. Mit Vorliebe wird das Lager direkt neben der Hauptstraße im Pinienhain aufgeschlagen – aus praktischen Gründen, versteht sich. Das Picknick fällt nämlich so üppig aus, daß vorher keiner gerne mit schweren Körben über Wurzeln stolpert, und hinterher hat keiner mehr Lust auf eine mittlere Wanderung zurück zum Auto. Wenn die Aufforderung kommt, sich zu bedienen, *é servido*, darf man ruhig zugreifen, wenn auch bitte erst beim zweiten oder dritten Mal. Die Floskel wird auch als Entschuldigung gebraucht von dem, der es nicht mehr aushält und schon mal alleine nascht. Dann aber kommen hausgemachte Köstlichkeiten aus Mutters Speisekammer zum Vorschein und entschädigen für Streß und Strapazen des Familienausfluges.

jantar *zu Abend essen*

a sopa de legumes *die Gemüsesuppe*

depois *danach, dann*

a dose *die Portion*

a vitela *das Kalbfleisch*

o polvo *der Tintenfisch*

cozido *gekocht*

deseja *Sie wünschen*

a salada *der Salat*

misto *gemischt*

beber *trinken*

o fino *das Bier vom Faß*

o vinho *der Wein*

caseiro *Haus, hausgemacht*

a sobremesa *der Nachtisch*

o gelado *das Eis*

a ementa *die Speisekarte*

a conta *die Rechnung*

o troco *das Wechselgeld*

fica assim *stimmt so*

Achtung Endung!

o polvo cozido
a vitela cozida
o vinho fresco
a cerveja fresca

So wird's serviert:

frito	fritiert
cozido	gekocht
grelhado	gegrillt
assado	gebraten

---

a lista dos vinhos – die Weinkarte!

maduros – *die Reifen*

vinho tinto Rotwein
vinho branco Weißwein

Auch an die Billigeren kann man sich wagen:
verdes – *die Grünen*

vinho verde Grüner Wein
vinho verde tinto ein roter Grüner

Im Norden Portugals wird der *vinho verde* angebaut. Dieser nicht ganz ausgereifte und leicht moussierende Wein hat nur 7 % Alkohol.

Im Restaurant

Boa noite. Para jantar?	Guten Abend. Zum Essen?
Sim, para três pessoas.	*Ja, für drei Personen.*

Faz favor?	Bitte?
Duas sopas de legumes.	*Zwei Gemüsesuppen.*
E depois?	Und dann?
Uma dose de vitela.	*Eine Portion Kalbfleisch.*
Mais nada?	Sonst noch was?
Mais um polvo cozido.	*Noch einen gekochten Tintenfisch.*
Deseja uma salada?	Wünschen Sie einen Salat?
Sim, uma salada mista.	*Ja, einen gemischten Salat.*
E para beber?	Und zu trinken?
Um fino. Tem vinho caseiro?	*Ein Bier vom Faß. Haben Sie Hauswein?*
Sim, temos.	Ja, haben wir.

Deseja uma sobremesa?	Wünschen Sie einen Nachtisch?
Tem gelados?	*Haben Sie Eis?*
Sim, aqui tem a ementa.	Ja, hier haben Sie die Speisekarte.
Então, dois gelados.	*Also, zwei Eis.*

Mais três cafés e a conta.	Noch drei Kaffee und die Rechnung.
Aqui tem o troco.	*Hier haben Sie das Wechselgeld.*
Fica assim.	Stimmt so.
Muito obrigado e boa noite.	*Vielen Dank und gute Nacht.*

---

o Vinho do Porto – der Portwein

Die trockensten Weine sind die besten, und der mindestens zwanzig Jahre alte *Vintage Port* ist der teuerste!
Zu Unrecht ist Porto zu seinem Ruhm gelangt, denn dort wird er nur verschifft. In der Stadt Vila Nova de Gaia, von Porto durch den Douro getrennt, liegen die Weinkeller.
Der Portweinhandel steckt in einer Krise, obwohl der gegenteilige Eindruck in den Anbaugebieten am oberen Dourolauf entsteht; trotzdem werden überall mit EU-Mitteln neue Weinberge angelegt.

1. Sagen Sie höflich, was Sie möchten.

«queria jantar»

1. zu Abend essen **2.** frühstücken **3.** essen **4.** zahlen **5.** ein Wasser trinken **6.** ein Häppchen essen **7.** Kaffee trinken **8.** einen Hauswein trinken **9.** einen Nachtisch essen

2. Der Kühlschrank ist leer, das gibt's nicht:

«não temos salada mista»

1. salada mista **2.** petiscos **3.** gelados **4.** sopa de legumes **5.** croissants com queijo **6.** torradas **7.** água com gás **8.** vinho caseiro **9.** polvo cozido

3. Was gehört zusammen?

1. polvo	**a** mista
2. vinho	**b** do dia
3. salada	**c** caseiro
4. prato	**d** fritas
5. cerveja	**e** com arroz
6. batatas	**f** cozido
7. frango	**g** fresca

4. Spielen Sie Kellner und schlagen Sie vor:

«Deseja uma sobremesa?»

1. einen Nachtisch **2.** eine Portion Kalbfleisch **3.** eine Gemüsesuppe **4.** das Tagesgericht **5.** Fisch mit Reis **6.** einen Hauswein **7.** kleine Häppchen **8.** Pommes frites **9.** belegte Brötchen

---

Nicht gleich hinpflanzen!

Es ist üblich, auch in einfacheren Restaurants zu warten,
bis der Kellner dem Gast einen Tisch zuweist.

Alle Wörter

Verben		Essen und Trinken	
es kommt darauf an *depende*	**Sie wünschen** *deseja*	**Bier** *a cerveja*	**Portion** *a dose*
essen *comer*	**trinken, (ein)nehmen** *tomar*	**Fisch** *o peixe*	**Reis** *o arroz*
frühstücken *tomar o pequeno almoço*	**trinken** *beber*	**Fleisch** *a carne*	**Salat** *a salada*
	wir haben *temos*	**Gemüsesuppe** *a sopa de legumes*	**Speisekarte** *a ementa*
gehen wir! *vamos!*	**zahlen** *pagar*	**Hähnchen** *o frango*	**Tagesgericht** *o prato do dia*
gekocht *cozido*	**zu Abend essen** *jantar*	**Kalbfleisch** *a vitela*	**Tintenfisch** *o polvo*
ich komme, gehe *vou*		**Nachtisch** *a sobremesa*	**Wein** *o vinho*
ich habe Hunger *tenho fome*	**zu Mittag essen** *almoçar*	**Pommes frites** *as batatas fritas*	**Wasser** *a água*
			Kohlensäure *o gás*

Zwischendurch

		Drum und Dran	
belegtes Brötchen *a sande*	**Häppchen** *o petisco*	**(irgend) etwas** *alguma coisa*	**Rechnung** *a conta*
Bier vom Faß *o fino*	**Käse** *o queijo*	**einfach** *simples*	**schon, gleich** *já*
Croissant *o croissant*	**Kneipe** *a tasca*	**gekühlt** *fresco*	**soviel?** *tanto?*
Eis *o gelado*	**Milch** *o leite*	**gemischt** *misto*	**stimmt so** *fica assim*
Frühstück *o pequeno almoço*	**Tee** *o chá*	**Haus, hausgemacht** *caseiro*	**ungekühlt** *natural*
	Toast *a torrada*	**nach(her)/ dann** *depois*	**was?** *o quê?*
		noch ein *mais um*	**Wechselgeld** *o troco*
		ohne *sem*	**weiter nichts** *mais nada*
			Zeit *o tempo*

Service

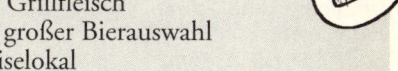

Gegen Hunger und Durst

Café	zum Studieren; zum Flirten; zum Fernsehen
Confeitaria	Süßes und Salziges aus eigener Herstellung
Pastelaria	Stehcafé oder Sitzmöglichkeit an der Theke
Gelateria	Eiscafé
Salão de Chá	Teesalon, entspricht dem deutschen Café
Boate / Bar/Pub	Nachtlokal
Restaurante	in allen Preislagen
Marisqueira	spezialisiert auf Meeresfrüchte
Churrasqueira	spezialisiert auf Grillfleisch
Cervejaria	Restaurant mit großer Bierauswahl
Almoços e Jantares	einfachstes Speiselokal
Tasca	Kneipe

Mahlzeiten

o pequeno almoço	das Frühstück
o almoço	das Mittagessen – zwischen 12.00 und spätestens 15.00 Uhr
o lanche	der Nachmittagskaffee – 16.30–18.00 Uhr
o jantar	das Abendessen – ab 22.00 Uhr bleibt die Küche in der Regel kalt.

So steht's an der Tür:

empurre – drücken Sie   *puxe* – ziehen Sie

Praktisch zu wissen

Mehrwertsteuer, *IVA,* ist immer im Preis inbegriffen, und zwar nicht zu knapp: 16 %. Das Wechselgeld, *o troco,* gibt die Bedienung immer heraus; es liegt dann am Gast, ob er das Trinkgeld, *a gorjeta* (ungefähr 10 %), auf dem Tisch liegenläßt.

Sanfte Beschummelung

Haben Sie die Speisekarte auf portugiesisch? – *Tem a ementa em portu-guês?* Eine wichtige Frage in sehr touristischen Gegenden. In fünf Sprachen wird sie einem in die Hand gedrückt, aber nicht in der Landessprache. Natürlich stimmen die Preise, nur daß kleinere Portionen weggelassen werden. Das Tellerchen mit Garnelen wird auf der internationalen Speisekarte nur als großer Teller angeboten.
Sind die Tische von vornherein mit Vorspeisen und einer Flasche Wein dekoriert, speist man vom Feinsten. Den Pasteten sieht man nicht an, was das Innere birgt. Ohne das Gesicht zu verlieren, kann man den «Lockvogel» stehenlassen und wählt aus der Karte.

Hier fehlt's

Lesen Sie sich die Dialoge durch, und tragen Sie die fehlenden Wörter
ein. Wenn Sie nicht weiterwissen, dann dürfen Sie auf die nächste
Seite schielen.

O pequeno almoço

Bom dia.
Queria .... o pequeno almoço?
Sim, faz favor.
Toma .... ou chá?

Um chá e uma água.
Para comer?
O .... tem?
Temos croissants, torradas, sandes.
Então .... sande de queijo.
Desculpe, hoje não há queijo .
Então não há .... almoço.

Almoçar

Tenho muita fome.
Já??? .... só onze horas!
Vamos a um restaurante.
Eu ainda não tenho muita ....
Então vamos a uma tasca.
Ainda não são horas de almoço.
Então .... a um café.
Sim, vamos. Um bom café – óptimo!
Um café, um café só? Eu .... muita fome!

A conta

Faz ....
Um momento.
.... favor!
Já vou.
Desculpe, faz favor!!!
O que deseja?
A conta, por favor.
São seis .... quinhentos e setenta ....
Tanto?
Aqui tem a ementa.
Só tenho cinco ....

Hören Sie sich die Dialoge von der Cassette an, oder lesen Sie sie durch. Vergleichen Sie dann die Lösungen, die Sie gefunden haben, und sprechen Sie sie einfach nach.

Das Frühstück

Bom dia.
Queria tomar o pequeno almoço?
Com certeza.
Toma café com leite?
Não, um chá e uma água.
Deseja comer alguma coisa?
O que tem?
Temos croissants, torradas, sandes.
Então uma sande de presunto.
Desculpe, hoje não há presunto .
Então não tem o pequeno almoço.

Zu Mittag essen

Tenho muita fome.
Já??? São só onze horas!
Vamos a um restaurante.
Eu ainda não tenho muita fome.
Então vamos a uma tasca.
Ainda não são horas de almoço.
Então vamos a um café.
Sim, vamos. Um bom café - óptimo!
Um café, um café só? Eu tenho muita fome!

Die Rechnung

Faz favor!
Um momento.
Faz favor!
Já vou.
Desculpe, faz favor!!!
O que queria?
Queria pagar, por favor.
São seis mil trezentos e sessenta escudos.
Tanto?
Aqui tem a ementa.
Só tenho cinco mil.

Prüfstand

1. Welches Wort paßt nicht in die Reihe?

1. peixe – carne – petiscos – vinho – torrada
2. croissant – café – leite – arroz – chá
3. queria pagar – a conta, faz favor – não sei – quanto é?
4. a estação – a sobremesa – o almoço – jantar – o petisco

2. Was ist richtig: a, b oder c?

1. Hoje … frango.
   a vamos
   b temos
   c custa

2. Queria … o pequeno almoço?
   a comer
   b beber
   c tomar

3. Queria uma cerveja … ou fresca?
   a natural
   b simples
   c boa

4. Ainda há tempo … almoçar?
   a a
   b para
   c de

5. Uma … de vitela, por favor.
   a água
   b senhora
   c dose

6. Quanto é?
   a Cento trinta cinco.
   b Cento trinta e cinco.
   c Cento e trinta e cinco.

3. Wie geht der Satz weiter?

1. Deseja   **a** cozido, por favor.
2. Ainda há tempo   **b** a um café.
3. Ainda não   **c** natural?
4. Mais um polvo   **d** comer alguma coisa?
5. Fresca ou   **e** para comer.
6. Vamos   **f** tenho fome.

Prüfstand

4. Wissen Sie's auf portugiesisch? Dreimal dürfen Sie raten.

1. Alles, worüber sich Magen und Gaumen freuen oder ärgern, wird hier aufgeführt.
2. Wer viel Hunger hat und wenig Geld, dem empfehlen wir dies im Restaurant.
3. Wer mitteilt, daß sein Magen knurrt, sagt…
4. Ende des Vertrages zwischen Wirt und Gast.
5. Wer sich noch nicht festlegen möchte, sagt…

5. Haben Sie aufgepaßt?

1. In Tascas
    a bekommt man nur offenen Wein.
    b kann man auch gut essen.
    c kann man nur Selbstgemachtes verzehren.

2. Ihr Picknick zelebrieren die Portugiesen
    a am liebsten ohne Sand.
    b am liebsten am Meeresstrand.
    c am liebsten am Straßenrand.

3. In den Cafés wundert man sich nicht
    a über strebsam Studierende.
    b über die Frisörecke.
    c über den Geldwechsler.

4. Das Frühstück der Portugiesen
    a fällt eher karg und flüssig aus.
    b ist wie ein kleines Mittagessen.
    c zeichnet sich durch besondere Üppigkeit aus.

5. Geschäftsabschlüsse werden
    a meist mit gemeinsamen Essen begangen.
    b meist mit *Petiscos* begangen.
    c meist im Café begossen.

6. Ausgefuchstes Würzen
    a spielt im Essen nicht so eine Rolle.
    b kennt man von Mutters Sonntagsbraten.
    c führten die Eroberer ein.

Boas compras
Viel Spaß beim Einkaufen

«Queria alguma coisinha, frutinha? minha filha! meu amor!» (Möchten Sie ein Sächelchen, Früchtchen? Meine Tochter! Meine Liebe!) Noch kann man sich von der liebenswerten Aufdringlichkeit der Marktfrauen verführen lassen. Aber die einzelnen Stände in den Markthallen der Städte weichen immer mehr zeitgeistigen Schickimickiläden. Die heißen Kutteln dampfen inzwischen neben Dessousboutiquen. Einige der vertriebenen Marktfrauen werden notgedrungen Verkäuferinnen ohne Lizenz. Die sieht man, wie sie im Korb auf dem Kopf Schokolade oder Obst balancieren. Die Ware wird an einem geeigneten Plätzchen auf einer Plastikplane ausgebreitet und schnell wieder zusammengepackt, wenn ein

Polizist in Sicht ist. Der Wochenmarkt, *feira*, unter freiem Himmel ist das Einkaufszentrum des kleinen Mannes. Dort findet er Lebensmittel, Schmuck und zweite oder dritte Wahl aus den Textil- und Schuhfabriken. Wagen Sie sich ins Gewühl: Die Händler köcheln ihr Mittagessen auf Holzkohle-Öfen unter baumelnder Unterwäsche neben noch zuckenden Sardinen und gackernden Hühnern in Weidenkörben. Zigeuner, *ciganos*, beleben den Markt auf Stoffballen thronend, ihre Textilware lauthals anpreisend. Feilschen ist übrigens auch bei Zigeunern nicht angebracht, wie überall in Portugal fast ein Tabu. Im übrigen sind die Preise in der Regel ausgewiesen.

Mercearia – Lebensmittelgeschäft

In den Auslagen der alteingesessenen Feinkostläden herrscht liebevolle
Unordnung. Alles, was das Geschäft zu bieten hat, wird ins Schaufenster
gestopft. Drinnen hängen getrocknete Pepperoni aufgereiht an den
Wänden, Stockfisch, *bacalhau,* baumelt von der Decke. Die *mercearias*
führen nationale Spezialitäten und brauchen die Konkurrenz der *hiper-
mercados,* Großmärkte, nicht zu sonderlich zu fürchten. Dort schmeckt
es nämlich mehr nach Europäischer Union, werden Appenzeller, französi-
sche Trüffelpastete und holländische Gurken unters Volk gebracht. Die
kleinen Läden hingegen bieten mehr als Futter: es sind auch Orte der
Kommunikation; den Tratsch mit dem Besitzer über die Tochter der
Nachbarin möchte niemand missen. Währenddessen werden die Oliven
aus dem Faß geschöpft und die Nüsse abgewogen.

Quiosque

In jedem Wohnviertel gibt es einen Kiosk, der offiziell Zeitungen,
Zigaretten, Briefmarken und Telefonkarten verkauft. In Wirklichkeit ist
ein *quiosque* aber nichts anderes als ein Tante-Emma-Laden: Huhn,
Nähgarn, Milch, Servietten, Thunfisch, Radiergummi und Kerzen – alles
holt der Eigentümer, zur Not auch außerhalb der Öffnungszeiten,
unterm Ladentisch hervor.
In den Zentren der Städte stehen noch eigentümlich chinesisch anmu-
tende Pavillons: schmiedeeiserne Kioske aus der Zeit, als Portugal noch
stolze Kolonialmacht war.

Handwerk

In der Straße der Kesselflicker wird geklopft und gehämmert, in der *Rua
da Prata*, der Silberstraße, reiht sich ein Schmuckgeschäft ans andere. Die
alten Zünfte sind in manchen Gassen der Altstädte noch präsent. Da lie-
gen die gleichen Handwerksbetriebe Tür an Tür, keiner hat Angst vor
Konkurrenz.

Brot

Es gibt eine Menge verschiedener Brotsorten, die je nach Region
unterschiedlich heißen. Jeder Bäcker oder Kellner versteht auf alle
Fälle:

o pão	der Brotlaib/Brot allgemein
o pãozinho	das Brötchen (im Norden)
a carcassa	das Brötchen (im Süden)
os pães	die Brötchen

---

o pão *das Brot*	o pêssego *der Pfirsich*
mas *aber*	a pele *die Haut*
ontem *gestern*	um bocadinho de *etwas von*
pode ser *kann sein*	o presunto *der Schinken*
os pães *die Brötchen*	o grama *das Gramm*
a broa *das Maisbrot*	chega *es reicht*
meu Deus *mein Gott*	que pena! *wie schade!*
não faz mal *macht nichts*	provar *probieren*
a laranja *die Orange*	o chouriço *die Paprikawurst*
o quilo *das Kilo*	o dinheiro *das Geld*

---

netter und freundlicher

wird's mit Verkleinerungsformen. Sie sind häufig zu hören:

uma coisa	→	uma cois**inha**	ein Sächelchen
uma laranja	→	uma laranj**inha**	ein Apfelsinchen
um quilo	→	um quil**inho**	ein Kilochen
um bocado	→	um bocad**inho**	ein bißchen

sogar bei Adjektiven:

perto	→	pert**inho**	ganz nah
fresco	→	fresqu**inho**	ganz frisch
obrigado	→	obrigad**inho**	ganz dankbar

Besitzverhältnisse

männlich:	**o meu** empregado	mein Angestellter
weiblich:	**a minha** empregada	meine Angestellte
männlich:	**o seu** quarto	Ihr Zimmer
weiblich:	**a sua** cerveja	Ihr Bier

Achtung: die Artikel **o** und **a** müssen immer davorstehen.

---

poder können

posso	ich kann
podes	du kannst
pode	er/sie kann; Sie können
podemos	wir können
podem	sie/Sie können; ihr könnt

poder wird auch gebraucht im Sinne von **dürfen**.

Markttag

O que deseja?	Was wünschen Sie?
Tem pão?	*Haben Sie Brot?*
Tenho, mas é de ontem.	Habe ich, aber es ist von gestern.
O quê? Não pode ser!	*Was? Das kann nicht sein!*
Só temos pães.	Wir haben nur Brötchen.
Tem bóroa?	*Haben Sie Maisbrot?*
Tenho, tenho.	Ja, das gibt's.
Óptimo! É fresca?	*Bestens! Ist es frisch?*
Desculpe, mas também é de ontem.	Entschuldigung, aber das ist auch von gestern.
Meu Deus! Não pode ser!!	*Mein Gott! Das kann nicht sein!!*
Mas não faz mal.	Aber das macht doch nichts.
Não, não! Seis pães, mais nada.	*Nein, nein! Sechs Brötchen, weiter nichts.*

Queria alguma coisinha?	Möchten Sie etwas?
Tem laranjas?	*Haben Sie Orangen?*
Tenho. Um quilinho?	Habe ich. Ein Kilo?
Quanto é um quilo?	*Wieviel kostet ein Kilo?*
Trezentos e cinquenta.	Dreihundertfünfzig.
É muito! E os pêssegos?	*Das ist viel! Und die Pfirsiche?*
Também tenho.	Habe ich auch.
Como são?	*Wie sind sie?*
Como a sua pele.	Wie Ihre Haut.
Oh, então dez quilos.	*Oh, dann zehn Kilo.*

Boa tarde.	Guten Tag.
O que queria?	*Was möchten Sie?*
Um bocadinho de presunto.	Ein bißchen Schinken.
Cento e cinquenta gramas, chega?	*150 Gramm, ist das genug?*
Sim, chega.	Ja, das reicht.
E que mais?	*Sonst noch was?*
Tem queijo fresco?	Haben Sie Frischkäse?
Já não há. Só amanhã.	*Gibt es nicht mehr, erst morgen.*
Que pena! Quanto é o presunto?	Schade! Was kostet der Schinken?
Seiscentos escudos. É tudo?	*600 Escudos. Ist das alles?*
É tudo.	Das ist alles.
Não queria provar o meu chouriço?	*Möchten Sie nicht meine Chouriço probieren?*
Mas agora não tenho mais dinheiro.	Aber jetzt habe ich kein Geld mehr.
Não faz mal. Pode pagar amanhã.	*Macht nichts. Sie können morgen zahlen.*
Obrigadinha. Até amanhã.	Danke schön, bis morgen.

1. Die richtige Antwort?

1. O que deseja? | **a** Não queria mais nada.
                                 b Queria um bocadinho de queijo.

2. O pão é de hoje? **a** Com certeza.
b Amanhã há pão.

3. Cem gramas chega? **a** Não pode ser.
b Mais um bocadinho.

4. Quanto custa um quilo? **a** Dois quilos.
b Trezentos e cinquenta.

5. Tem peixe fresco? **a** Já não há.
b Que pena.

2. Sagen Sie's netter:

«*Queria **um queijinho**.*»

1. o queijo **2.** a sopa **3.** a salada **4.** o prato **5.** o quilo **6.** a coisa.

3. Fragen Sie um Erlaubnis:

«***Posso ir** de eléctrico?*»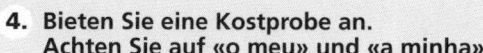

1. ir de eléctrico **2.** pagar a conta **3.** comer a sobremesa
4. provar o presunto **5.** almoçar no hotel **6.** telefonar do comboio.

4. Bieten Sie eine Kostprobe an. Achten Sie auf «o meu» und «a minha».

«*Pode provar **o meu vinho**.*»

1. o vinho **2.** o petisco **3.** a sobremesa **4.** a água **5.** a sande **6.** o peixe **7.** a boroa.

5. Ihnen fehlt noch eine Information über Ihren Gesprächspartner. Achten Sie auf «o seu» und «a sua».

«*Não tenho **o seu nome**.*»

1. o nome **2.** o número de telefone **3.** o bilhete de identidade **4.** a chave **5.** o carro **6.** o dinheiro **7.** a ementa.

Sonntags zum Supermarkt

Auf geht's in einen *hipermercado* am Stadtrand, der kein Ladenschluß-gesetz kennt und rund um die Uhr geöffnet hat. Weder schrecken die Autoschlangen auf den vierspurigen Zubringern ab noch die nervende Suche nach einem Parkplatz. Auch bäuerliche Großfamilien aus der Um-gebung reisen an. Lebensmittel, Haushaltswaren und Elektrozubehör türmen sich in den Einkaufswagen. An den Kassen wird mit Plastiktüten nicht gespart. Die gibt's gratis und bald wieder als Unrat am Straßenrand.

Mehr Schauen als Kaufen

In den Zentren der Großstädte wird geklotzt, da wird der Konsument mit neuen Palästen beglückt. Die Ladenstadt *Amoreiras* in Lissabon ist fast schon ein Wahrzeichen geworden. Zumindest zum Anschauen geht man hin, denn das Einkaufen hier können sich die meisten Portugiesen nicht leisten. Bei einem Durchschnittseinkommen von umgerechnet 700 Mark im Monat sind die edlen Designerklamotten für die meisten nicht drin. Einkaufszentren dieser Art ziehen jeden, auch die Erwerbslosen, an. Die kommen, um zu betteln oder um Heftpflaster und Papiertaschen-tücher zu verkaufen. Manch einer setzt sich eine Schiebermütze auf den Kopf und spielt – gegen ein paar Escudos – den Parkwächter.

Geschäfte

a loja	Laden
o armazém	Warenhaus
a mercearia (fina)	Lebensmittel-(Feinkost-)Geschäft
a padaria	Bäckerei
o talho	Metzgerei
a peixaria	Fischgeschäft
a ervanária	Bioladen
a farmácia	Apotheke (oft mit Drogerie)
a perfumaria	Parfümerie und Drogerie
a drogaria	«Drogerie»: alles außer Lebensmittel, von Werkzeug, Hygieneartikeln bis zum Kalk
a papelaria	Papier- und Schreibwarengeschäft
a livraria	Buchhandlung
a tabacaria	Tabakladen (Zeitungen, Briefmarken…)
a agência de viagens	Reisebüro
o supermercado	Supermarkt
o hipermercado	großer Supermarkt

o casaco *die Jacke*	**leva** *Sie nehmen mit*
o andar *das Stockwerk*	**a caixa** *die Kasse*
o elevador *der Aufzug*	**procuro** *ich suche*
funciona *funktioniert*	**as calças de ganga** *die Jeans*
que chatice! *so ein Mist!*	**o marido** *der Ehemann*
a saúde *die Gesundheit*	**o fato de banho** *der Badeanzug*
a blusa *die Bluse*	**encontro** *ich finde, treffe*
hoje em dia *heutzutage*	**a peúga** *die Socke*
caro/a *teuer*	**a casa de banho** *die Toilette*
é a vida *so ist das Leben*	**o rés-do-chão** *das Erdgeschoß*

Rund ums Geld

1000 escudos sind **um conto**;
der Einfachheit halber kürzt man entweder mit **c.** oder **cts.** ab.
Also 7 cts. (contos) sind 7000 escudos.

Dreimal die Münze **2$50**:

1. **dois (escudos) e cinquenta (centavos)**; offiziell, hört man nie.
2. **vinte e cinco (25) tostões**
3. **dois e quinhentos (2 + 500)**; aber: dois mil e quinhentos sind 2500 $, wird im Zusammenhang klar.

Wenn's um kleinere Beträge (unter 1000) geht, hört man häufig statt *escudo* in der Umgangssprache **pau/paus**. Damit möchte man sagen, daß etwas sehr teuer oder sehr billig ist.

Kleingeld **trocado** sollte man immer bei sich haben. Wer mit einer 10000- oder 5000 Escudo-Note zu bezahlen versucht, muß oft warten. Der Verkäufer oder Kellner muß erst mal losrennen, um zu wechseln.

Reden

Im Kaufhaus

Desculpe, tem casacos?	Entschuldigung, haben Sie Jacken?
Aqui não. No segundo andar.	*Hier nicht. Im zweiten Stock.*
Há um elevador?	Gibt es einen Aufzug?
Há, mas não funciona.	*Gibt's, aber er funktioniert nicht.*
Que chatice!	So ein Mist!
Para a saúde é melhor a pé.	*Für die Gesundheit ist's besser zu Fuß.*

Quanto custa a blusa?	Wieviel kostet die Bluse?
Dezassete mil.	*Siebzehntausend.*
Meu Deus! Tanto dinheiro!	Mein Gott! So viel Geld!
Hoje em dia é tudo caro.	*Heutzutage ist alles teuer.*
Sim, sim é a vida.	Ja, ja, so ist das Leben.
Então, leva a blusa?	*Also, nehmen Sie die Bluse?*
Sim. Pago aqui?	Ja. Bezahle ich hier?
Não, na caixa.	*Nein, an der Kasse.*

Procuro calças.	Ich suche Hosen.
Calças de ganga?	*Jeans?*
Depende.	Es kommt darauf an.
Para a senhora?	*Für Sie?*
Não, para o meu marido.	Nein, für meinen Mann.

O que procura?	Was suchen Sie?
Procuro um fato de banho.	*Ich suche einen Badeanzug.*
Aqui só temos fatos.	Hier haben wir nur Anzüge.
Mas tem?	*Aber haben Sie (welche)?*
Sim, no primeiro andar.	Ja, im ersten Stock.
Obrigada.	*Danke.*
De nada.	Keine Ursache.

Por favor...	Bitte...
Sim?	*Ja?*
Onde encontro peúgas?	Wo finde ich Socken?
Não sei, não trabalho aqui.	*Ich weiß nicht, ich arbeite nicht hier.*

Desculpe, onde é a casa de banho?	Entschuldigung, wo ist die Toilette?
No rés-do-chão.	*Im Erdgeschoß.*
A casa de banho? Depressa!	Die Toilette? Schnell!
Mesmo em frente.	*Direkt hier gegenüber.*

1. Sagen Sie's in der ersten Person:

«*Procuro* calças.»

1. procurar calças **2.** falar depressa **3.** almoçar numa tasca **4.** encontrar a casa de banho **5.** levar o dinheiro **6.** desejar um peixe fresco **7.** telefonar no hotel **8.** trabalhar num café **9.** tomar um chá

2. Was paßt zusammen?

1. o presunto   a o pêssego
2. o andar   b óptimo
3. as peúgas   c o dinheiro
4. a saúde   d o rés-do-chão
5. a caixa   e as calças
6. a laranja   f o queijo

3. Sie suchen und möchten es finden:

«*Onde encontro* **peúgas**?»

1. Socken **2.** meinen Mann **3.** ein Hotel **4.** die Toilette **5.** die Kasse **6.** den Aufzug **7.** eine Kneipe

4. Wie geht das Gespräch weiter?

1. Deseja carne?   a Meu Deus, tanto dinheiro?
2. Vou de comboio.   b Então, vamos comer.
3. Custa sessenta mil. c Desculpe, já não há.
4. Tenho fome.   d Depende.
5. Queria pães.   e É melhor de avião.

5. Sagen Sie's auf portugiesisch:

1. im Erdgeschoß **2.** links **3.** im ersten Stock **4.** gleich hier **5.** geradeaus vorn **6.** im zweiten Stock **7.** an der Kasse **8.** der Aufzug funktioniert nicht

Vende-se – zu verkaufen

Sobald sich der Reisende vom Küstenstreifen entfernt, besonders im *Algarve*, wird er sich vor Angeboten nicht retten können: *vende-se*, zu verkaufen, ist nicht nur Honig oder Wein, sondern *terreno*, ein Grundstück mit verfallenen Gehöften oder Olivenhainen. In den Städtchen gibt es reichlich Häuser, ja sogar einen Berg, *monte*, wie man in der flachen Landschaft des *Alentejo* ein Gut nennt, kann man erwerben.

Auf dem Land wollen viele junge Leute nicht bleiben. Wie die Generation ihrer Väter auch, gehen sie als Gastarbeiter ins Ausland, zumindest aber in die Städte. Die Dörfer sterben derweil aus: Die Läden und Schulen schließen, der Pfarrer zieht weg und betreut fünf Weiler gleichzeitig, und nach und nach verfallen die schönsten Häuser. Nur die Alten halten ihrer Heimat die Treue.

Portugal ist auf dem Weg zum Industrieland!? So möchten es jedenfalls die Politiker gerne sehen. Der rechte Sozialdemokrat und Regierungschef Cavaco Silva empörte sich über ein Titelbild in dem Magazin der portugiesischen Luftlinie TAP und läßt es zensieren: eine alte Bäuerin beim Dreschen. Die traditionelle Landwirtschaft ist nicht wert, das Land zu repräsentieren. Eine alte Frau mit Löchern in den Strümpfen, die mit 66, weil sie keinen Anspruch auf Rente hat, noch harte Feldarbeit verrichtet, könnte am Ansehen des modernen Landes kratzen. Die TAP stampfte die Ausgabe ein und ließ das Titelfoto gegen eins von High-Tech-Sportlern austauschen.

Am grünen Tisch wird die Stillegung von Eisenbahnstrecken beschlossen. Man setzt auf Straßenbau zwischen den Wirtschaftszentren und vergißt darüber die Infrastruktur des Hinterlandes. Der Protest der betroffenen Bevölkerung verhallt. Nicht nur Eisenbahnlinien, auch Thermalbäder stehen zum Verkauf. Heute kann sich der Kurgast in privatisierten alten Thermen wieder an restaurierten Stuckdecken und Marmorwannen erfreuen.

Zwang

«Ich muß arbeiten» ist nichts anderes als «ich habe zu arbeiten».
Auf portugiesisch geht's genauso: **ter de** – haben zu. (s.S. 61)
Nur durch das Wörtchen **de** oder auch **que** wird's unterschieden.
Darauf folgt der Infinitiv. Fertig ist der Zwang:

ter + de/que + Infinitiv
tenho de trabalhar oder **tenho que trabalhar** – ich muß arbeiten
Aber: tenho trabalho – ich habe Arbeit

tenho pressa *ich habe es eilig*	**ver** *sehen*
tem de *Sie müssen*	**o sapato** *der Schuh*
esperar *warten*	**vermelho/a** *rot*
preciso de *ich brauche*	**a montra** *das Schaufenster*
o selo *die Briefmarke*	**preto/a** *schwarz*
a carta *der Brief*	**experimento** *ich probiere an/aus*
o postal *die Postkarte*	**bonito/a** *schön*
o trocado *das Kleingeld*	**pequeno/a** *klein*
o conto *1000 Escudos*	**tem razão** *Sie haben recht*
ajudar *helfen*	**gosta de** *gefällt/gefallen Ihnen*
	a cor *die Farbe*

Verschmelzung!

de + o → do	**de + um → dum**	**de + os → dos**
de + a → da	**de + uma → duma**	**de + as → das**

precisar de – brauchen

Was der Mensch so braucht:

preciso de	dinheiro – ich brauche Geld
preciso duma	factura – ich brauche eine Quittung
preciso da	minha chave – ich brauche meinen Schlüssel

Viermal gostar de

gosto de vinho	ich mag Wein
gosto do vinho	mir schmeckt der Wein
gosto do hotel	mir gefällt das Hotel
gosto dos sapatos	mir gefallen die Schuhe
gosto de comer peixe	ich esse gern Fisch
gosto de ajudar	ich helfe gern
gosta?	schmeckt/gefällt es Ihnen?
gosto!	es schmeckt/gefällt mir!

1.	gostar de + Hauptwort ohne Artikel	mögen
2.	gostar de + Essen und Getränke	schmecken
3.	gostar de + Hauptwort mit Artikel	gefallen
4.	gostar de + Verb im Infinitiv	gern etwas tun

Besorgungen

Com licença.	Gestatten Sie.
Desculpe, sou eu agora.	*Entschuldigen Sie, ich bin jetzt (dran).*
Mas tenho pressa.	Aber ich hab's eilig.
Eu também. Tem de esperar.	*Ich auch. Sie müssen warten.*
Então, faz favor.	Also, bitte schön.

Preciso de selos.	Ich brauche Briefmarken.
Para onde?	*Wohin?*
Para a Alemanha.	Nach Deutschland.
De quantos precisa?	*Wie viele brauchen Sie?*
Para quatro cartas e um postal.	Für vier Briefe und eine Postkarte.
Trezentos e cinquenta escudos.	*Dreihundertfünfzig Escudos.*
Desculpe, não tenho trocado.	Entschuldigung, ich habe kein Kleingeld.
Dez contos! Um momento, por favor.	*Zehntausend Escudos! Einen Moment bitte.*

Boa tarde.	Guten Tag.
Posso ajudar?	*Kann ich helfen?*
Queria ver os sapatos vermelhos.	Ich möchte die roten Schuhe sehen.
Na montra?	*Im Schaufenster?*
Sim, em frente à direita.	Ja, vorne rechts.
E o seu número?	*Und Ihre Schuhgröße?*
Quarenta.	Vierzig.
Quarenta só temos em preto.	*Vierzig haben wir nur in Schwarz.*
E o número dos vermelhos?	Und welche Größe haben die roten?
É o trinta e nove.	*Das ist neunigunddreißig.*
Não faz mal, experimento.	Macht nichts, ich probiere mal.
Faz favor.	*Bitte.*
São bonitos … mas pequenos.	Sie sind schön… aber (zu) klein.
Ah, tem razão. Que pena!	*Ah, Sie haben recht. Wie schade!*
Não gosta dos sapatos pretos?	*Gefallen Ihnen die schwarzen Schuhe nicht?*
Não, não gosto da cor. Obrigado.	Nein, mir gefällt die Farbe nicht. Danke.
De nada.	*Keine Ursache.*

---

1. Sagen Sie, was Sie alles machen müssen:

«*tenho de* **trabalhar à noite**»

1. trabalhar à noite **2.** esperar uma hora **3.** procurar o hotel
4. encontrar a minha chave **5.** comer no restaurante **6.** telefonar
para a Alemanha

2. O que precisa? – Was brauchen Sie? Achten Sie auf «de» und den Artikel.

«*preciso* **dum postal**»

1. um postal **2.** trocado **3.** um trabalho **4.** a chave **5.** o dinheiro
6. dez pães **7.** a conta **8.** um fato de banho **9.** um conto

3. Welche Antwort paßt?

1. Posso ajudar?

a Em vermelho.
b Procuro sapatos.

2. Não tem trocado?

a Desculpe, não tenho.
b Aqui tem o troco.

3. Posso experimentar o casaco?

a Não temos casacos.
b Com certeza.

4. Quantos selos precisa?

a Gosto dos selos.
b Seis para a Alemanha.

5. Tem o número quarenta em preto?

a Só tenho cinco contos.
b Só em vermelho.

6. Queria ver a blusa na montra?

a Sim, queria.
b É mesmo em frente.

4. Wie heißt's auf portugiesisch?

1. Sie müssen einen Moment warten. **2.** Ich hab's eilig. **3.** Kann ich helfen? **4.** Sie haben recht. **5.** Kann ich die Bluse sehen? **6.** Ich bezahle die Postkarte. **7.** Ich möchte die Schuhe anprobieren.

5. Fragen Sie, ob's gefällt oder schmeckt. Achten Sie auf «de» und den Artikel.

«*Gosta* **do vinho?**»

1. o vinho **2.** a blusa **3.** Lisboa **4.** as senhoras **5.** o postal
6. os pêssegos **7.** Portugal **8.** as calças **9.** a cor

Alle Wörter

Im Geschäft

das Brot
o pão

die Brötchen
os pães

das Maisbrot
a broa

macht nichts
não faz mal

die Paprika-wurst
o chouriço

das Kilo
o quilo

der Pfirsich
o pêssego

der Schinken
o presunto

das Gramm
o grama

die Orange
a laranja

Im Kaufhaus

die Jacke
o casaco

das Stockwerk
o andar

der Aufzug
o elevador

die Bluse
a blusa

die Kasse
a caixa

die Jeans
as calças de ganga

der Badeanzug
o fato de banho

die Socke
a peúga

die Toilette
a casa de banho

das Erdgeschoß
o rés-do-chão

der Schuh
o sapato

das Schaufenster
a montra

Verben

kann sein
pode ser

es reicht
chega

probieren
provar

funktioniert
funciona

Sie nehmen mit
leva

ich suche
procuro

ich probiere an/aus
experimento

warten
esperar

ich brauche
preciso de

helfen
ajudar

sehen
ver

gefällt/gefallen Ihnen
gosta de

ich finde/treffe
encontro

Sie müssen
tem de

Geld und Adjektive

das Geld
o dinheiro

teuer
caro/a

das Kleingeld
o trocado

das Conto (1000 Escudos)
o conto

rot
vermelho/a

schwarz
preto/a

schön
bonito/a

klein
pequeno/a

Formeln

mein Gott!
meu Deus!

etwas von
o bocadinho de

wie schade!
que pena!

so ein Mist!
que chatice!

so ist das Leben
é a vida

ich habe es eilig
tenho pressa

Sie haben recht
tem razão

Drum und Dran

aber
mas

gestern
ontem

die Haut
a pele

die Gesundheit
a saúde

der Ehemann
o marido

der Brief
a carta

die Postkarte
o postal

die Farbe
a cor

Service

Wochentage

na segunda-feira (2ª)	am Montag (zweite)
na terça-feira (3ª)	am Dienstag (dritte)
na quarta-feira (4ª)	am Mittwoch (vierte)
na quinta-feira (5ª)	am Donnerstag (fünfte)
na sexta-feira (6ª)	am Freitag (sechste)
no sábado	am Samstag
no domingo	am Sonntag

schon gemerkt: nur Samstag und Sonntag sind männlich.

Markt heißt **feira**: die Werktage sind also die,
an denen Markttag sein kann.

dia de folga	Ruhetag
feriado	Feiertag

Die Geschäfte machen normalerweise Mittagspause
von 12.30 – 14.30 Uhr.
Geschlossen heißt **fechado**; geöffnet heißt **aberto**.

Banken – Os bancos
sind von 8.30 – 15.00 Uhr geöffnet.
Hauptandrang ist in der Mittagszeit. Viele Geldautomaten nehmen
Euroscheck- und Kreditkarten an. Es gibt auch Wechselautomaten
exchange station, die man nur mit Scheinen für die meisten
europäischen Währungen füttern kann.
Nur sind die häufiger **fora do serviço** – außer Betrieb,
als **em serviço** – in Betrieb.

Die Post – Os Correios
hat vor einigen Jahren eine Zweiklassenbeförderung eingeführt
und somit indirekt die Frankierungskosten erheblich erhöht:
die roten Briefkästen sind für normale Post,
die blauen für **Correio Azul nacional** und auch **internacional**,
blaue Post, die schneller abgefertigt wird.
Es gibt in jedem Postamt spezielle Aufkleber dafür.
Für Postkarten und Briefe gibt's übrigens einen Einheitspreis. Geld
abheben vom Postsparbuch ist im kleinsten Postamt möglich.

Lesen Sie sich den Dialog durch, und tragen Sie die fehlenden Wörter ein. Wenn Sie nicht weiterwissen, dann dürfen Sie auf die nächste Seite schielen.

Numa lojinha

Boa ....
Boa tarde, ... ajudar?
Procuro uma t-shirt.
E .... número da senhora?
Quarenta e quatro.
Gosta .... cor em especial?
Gosto muito da verde .... montra.
Em verde não temos o quarenta .... quatro.
.... pena! E em azul?
Também não. Não .... de blusas?
Depende.
Tenho aqui uma blusa bonita.
.... razão. .... experimentar?
Com .... , faz favor.
Onde?
Temos aqui uma cabine.
Obrigada.

Então?
Está bem. E .... custa?
É um .... caro. Nove ....
O quê!? É mesmo caro. Ehm, não sei, não sei.
A senhora .... então a blusa?
Tenho de falar com o .... marido. .... um telefone?
Aqui não. Mas .... um café .... frente.
Tem .... esperar um momento, por favor.
Está bem, espero.

Levo a blusa.
Muito bem. .... aqui na caixa.

Hören Sie sich die Dialoge von der Cassette an, oder lesen Sie sie durch. Vergleichen Sie dann die Lösungen, die Sie gefunden haben, und sprechen Sie sie einfach nach.

In einem Lädchen

Boa tarde.
Boa tarde, posso ajudar?
Procuro um fato de banho.
E o número da senhora?
Quarenta e dois.
Gosta duma cor em especial?
Gosto muito do preto na montra.
Em preto não temos o quarenta e dois.
Que pena, e em vermelho?
Também não. Não gosta de biquinis?
Depende.
Tenho aqui um biquini muito bonito.
Tem razão. Posso experimentar?
Com certeza, faz favor.
Onde?
Temos aqui uma cabine.
Obrigada.

Então?
É óptimo. E quanto custa?
É um pouco caro. Quinze contos.
O quê!? É mesmo caro. Ehm, não sei, não sei.
A senhora leva o biquini então?
Tenho de falar com o meu marido. Tem telefone?
Aqui não. Mas há um no café em frente.
Tem de esperar um momento, por favor.
Está bem, espero.

Levo o biquini.
Muito bem. Paga aqui na caixa.

Prüfstand

1. Vorsicht, Grammatik! Welcher Satz ist falsch?

1. a Posso ver as calças vermelhos?
   b Posso ver as calças vermelhas?

2. a Quanto é o chouriço?
   b Quanto são o chouriço?

3. a Os sapatos paga em a caixa.
   b Os sapatos paga na caixa.

4. a O elevador fica mesmo em direito.
   b O elevador fica mesmo em frente.

5. a Agora tenho de comer alguma coisa.
   b Agora tenho comer alguma coisa.

2. Was gehört zusammen?

1. com certeza
2. desculpe
3. não faz mal
4. que pena
5. meu Deus
6. tem razão
7. de nada
8. não sei
9. é a vida

a macht nichts
b mein Gott
c keine Ursache
d so ist das Leben
e Sie haben recht
f gewiß
g ich weiß nicht
h wie schade
i Entschuldigung

3. Welches Wort paßt nicht in die Kette?

1. pão – pele – pães – broa
2. ontem – hoje – chega – amanhã
3. postal – selo – carta – grama
4. marido – trocado – conto – troco
5. elevador – andar – cor – rés-do-chão
6. casaco – calças – sapatos – caixa

Prüfstand

4. Was sagen Sie als Kunde, wenn

1. Sie etwas Käse möchten?
2. Sie kein Geld mehr haben?
3. Sie Jacken suchen?
4. Sie die Schuhe anprobieren möchten?
5. Ihnen die rote Hose gefällt?
6. Sie nach Lissabon anrufen müssen?
7. Sie nichts mehr möchten?
8. Sie Blusen finden möchten?

5. Haben Sie aufgepaßt?

1. In den Markthallen
   a wird alles illegal verkauft.
   b wird man bis aufs Hemd ausgeraubt.
   c werden nicht nur Lebensmittel angeboten.

2. Auf den Wochenmärkten
   a machen Zigeuner Musik.
   b schaut man dem Händler in den Kochtopf.
   c feilscht man um jeden Preis.

3. Ein beliebtes Ausflugsziel ist
   a der Märchenwald.
   b ein Plätzchen im Grünen.
   c dort, wo für Bettler was abfällt.

4. Ein «conto» ist
   a ein Tausender in Escudos.
   b ein fettes Bankkonto.
   c eine Plastiktüte mit Wäscheklammern.

5. In der flachen Landschaft des «Alentejo» werden
   a Berge «montes» verkauft.
   b Berge versetzt.
   c Berge erstiegen.

6. Portugiesische Politiker
   a basteln an einem Ruf der Moderne.
   b mögen alte Bäuerinnen auf Titelbildern.
   c fliegen auf lange Beine.

Tudo Bem

Alles klar

S *aúde* – das Wort steht flächendeckend für Prost und für Gesundheit.
Das Gesundheitswesen, im Gegensatz zum Alkoholwesen, ist ungleich
übers Land verteilt. Nur wer am Küstenstreifen lebt, kann auf
eine gut funktionierende ärztliche Versorgung zählen. Ein *hospital*,
Krankenhaus, ist leicht zu erkennen: Menschenschlangen vor den
Portalen.

Als Tourist wird man bevorzugt behandelt. Bei jeder deutschen
Krankenkasse gibt es den grünen Versicherungsschein E 111, den man
gegen einen portugiesischen Krankenschein eintauschen kann. Die
Kosten für eine ambulante Behandlung müssen vorgestreckt werden,
während bei einem stationären Aufenthalt das Krankenhaus direkt mit
der deutschen Krankenkasse abrechnet.

Es fehlt nicht an Ärzten, dafür aber an Betten, die Krankensäle quellen über, Notbetten auf den Fluren sind die Regel. Die Wartezeiten für Operationen sind unzumutbar. Kein Wunder, daß Patienten mit Geld sich privat oder im Ausland behandeln lassen. Die Arztpraxis, *consultório,* ist Privatpatienten vorbehalten und nicht gerade preiswert. Jeder größere Ort verfügt aber über ein Gesundheitszentrum, *centro da saúde,* wo man sich kostenlos untersuchen und behandeln lassen kann.

Die Stadt *Régua* am Douro steht stellvertretend für die Probleme des Gesundheitswesens im Inland. Das Krankenhaus dort ist seit über fünf Jahren mit allen Schikanen ausgestattet, nur ist die Versorgung bescheiden: komplizierte Diagnosen, Eingriffe und Therapien sind nicht möglich, weil sich keine Spezialisten finden, die freiwillig ohne entsprechende finanzielle Mehrleistungen in die Provinz gehen würden. Im Notfall, *urgência*, müssen Betroffene manchmal hundert oder zweihundert Kilometer von der freiwilligen Feuerwehr, *bombeiros voluntários*, in die Krankenhäuser der Küstenstädte gekarrt werden.

Gesundheitliche Aufklärung tut not. Einerseits werfen Hubschrauber über Schulen Präservative mit aufklärenden Flugblättern über Aids, *sida*, ab. Andererseits beschwert sich die Fischersfrau über ihre ungewollte Schwangerschaft in einem *centro da saúde*: ihr Mann habe doch jeden Tag die Pille genommen.

Alternative Medizin

Was in Deutschland dubios anmuten würde, gehört im ländlichen Portugal zum Alltag: Hokuspokus-Therapeuten. *O endireita* ist so etwas wie ein Chiropraktiker ohne staatliche Prüfung. Solche Populärorthopäden wirken in der Regel auf dem Land und heilen mit abenteuerlichen, mitunter durchaus wirkungsvollen Methoden. Der Behandlungssuchende wird am Balken über der Tür aufgehängt und dann gezogen, bis die Knochen knarren. Erfolgreiche *endireitas* versuchen ihr Glück in den Städten. *O curandeiro* ist ein Wunderheiler, der Tees für jedes Wehwehchen zusammenbraut. Die Hexe, *a bruxa*, verdient ihr Geld mit der seelischen Not ihrer Kunden: Der Zulauf zu Wahrsagerei und Partnerrückführung boomt wie eh und je.

In die Jahre kommen

Tenho **vinte e dois** *anos*. – *Ich bin zweiundzwanzig Jahre alt.*
Ihr Alter geben die Portugiesen mit «Jahre haben» an.
fazer anos – *Geburtstag haben* «Jahre machen»
fazer trinta anos – *dreißig Jahre werden* «dreißig Jahre machen»

lernen

perguntar *fragen*

diga *sagen Sie*

incomodar *stören*

porquê? *warum?*

porque *weil, warum?*

conhecer *kennen, -lernen*

perceber *verstehen*

solteiro/a *ledig*

casado/a *verheiratet*

o filho *der Sohn*

a filha *die Tochter*

o ano *das Jahr*

faz sete anos *er wird sieben Jahre*

maio *Mai*

a mulher *die (Ehe)frau*

a dona de casa *die Hausfrau*

dá trabalho *das macht Arbeit*

o/a estrangeiro/-a *der/die Ausländer(in)*

passar férias *Ferien machen*

o país *das Land*

Wichtige Verben

fazer	machen		**perceber**	verstehen
faço	ich mache		percebo	ich verstehe
fazes	du machst		percebes	du verstehst
faz	er/sie macht		percebe	er versteht
fazemos	wir machen			Sie verstehen
fazem	sie/Sie machen		percebemos	wir verstehen
	ihr macht		percebem	sie/Sie verstehen
	Sie machen			ihr versteht

genauso fast alle Verben auf **-er** wie

beber   trinken

comer   essen

---

porquê – porque

1. Ainda é solteiro, porquê?   *Sie sind noch ledig, warum (denn das)?*

2. Porque ainda é solteiro?   *Warum sind Sie noch ledig?*

3. Porque gosto de ser.   *Weil ich es gern bin.*

Allein oder am Ende eines Satzes steht betont **porquê?** – *warum?*
Am Anfang einer Frage steht unbetont **porque?** – *warum?*
Möchte man begründen, steht unbetont **porque** – *weil.*

Reden

Unterhaltung

Posso perguntar uma coisa?	Darf ich etwas fragen?
Diga, faz favor.	*Bitte, fragen Sie (nur).*
Não estou a incomodar?	Ich störe doch nicht?
Não, não, diga.	*Nein, nein, sprechen Sie (nur).*
O senhor não é português?	Sie sind kein Portugiese?
Não, sou alemão, porquê?	*Nein, ich bin Deutscher, warum?*
Porque gosto de conhecer pessoas.	Weil ich gern Leute kennenlerne.
Não estou a perceber.	*Ich verstehe im Moment nicht.*
Gosto de falar com pessoas.	Ich spreche gern mit Leuten.
Desculpe, mas não percebo.	*Entschuldigung, aber ich verstehe nicht.*
Não faz mal.	Macht nichts.

É solteira?	Sind Sie ledig?
Não, sou casada.	*Nein, ich bin verheiratet.*
Tem filhos?	Haben Sie Kinder?
Tenho uma filha e um filho.	*Ich habe Tochter und Sohn.*
Quantos anos têm?	Wie alt sind sie?
A filha tem cinco anos.	*Die Tochter ist fünf Jahre alt.*
E o seu filho?	Und Ihr Sohn?
Faz sete anos em Maio.	*Er wird im Mai sieben Jahre.*
A senhora trabalha?	Arbeiten Sie?
Sou uma mulher casada e dona de casa!	*Ich bin Ehefrau und Hausfrau!*
Dá trabalho. Tem razão.	Das ist viel Arbeit. Recht haben Sie.
E o senhor é estrangeiro?	*Und Sie sind Ausländer?*
Sim, estou a passar férias.	Ja, ich mache gerade Ferien.
Já conhece o país?	*Kennen Sie das Land schon?*
Um pouco.	Ein wenig.

O que está a fazer?	*Was machen Sie gerade?*
Estou a comer.	*Ich esse gerade.*
Estou a telefonar.	*Ich telefoniere im Moment.*

Das Verb **estar + a + Infinitiv** drückt aus,
daß man im Moment gerade dabei ist, etwas zu tun.
estar a falar   gerade sprechen

estou a falar; estás a falar; está a falar;
estamos a falar; estão a falar

1. Quantos anos tem o Jorge?

«*O Jorge tem quarenta e nove anos.*»

1. o Jorge, 49 **2.** a Florbela, 26 **3.** o senhor Sousa, 62 **4.** o Carlos, 36 **5.** a Xica, 8 **6.** a senhora Portela, 55 **7.** a Ernestina, 21, **8.** o senhor António, 73 **9.** o João, 17

2. Sagen Sie, was Sie gerade tun:

«*Estou a passar férias em Portugal.*»

1. passar férias em Portugal **2.** tomar o pequeno almoço **3.** procurar um hotel no Porto **4.** ver a ementa **5.** provar a sobremesa **6.** pagar a conta **7.** falar depressa

3. Welche Antwort paßt?

1. O senhor é casado?

  a Não, sou estrangeiro.
  b Não, sou solteiro.

2. A senhora é estrangeira?

  a Sim, sou alemã.
  b Não, sou dona de casa.

3. Conhece Coimbra?

  a Trabalho muito.
  b Ainda não.

4. Quantos anos tem?

  a Tenho trinta e um ano.
  b Tenho o número trinta.

5. Tem filhos?

  a Só uma filha.
  b Só dois anos.

6. Não estou a incomodar?

  a Tomo tudo.
  b Um bocadinho.

4. Antworten Sie auf die Frage:

«*Porque não gosto de **trabalhar**.*»

1. Porque não trabalha? **2.** Porque não passa férias en Portugal? **3.** Porque não fala com o marido? **4.** Porque espera tanto tempo? **5.** Porque não pergunta? **6.** Porque toma café? **7.** Porque não experimenta as calças? **8.** Porque não come as batatas fritas?

> **diga!** – *sagen Sie nur*
>
> Fordert auf, etwas zu sagen, zu fragen, sich zu beschweren, um etwas zu bitten.

Wasser

Nach einem Sturm, einem Gewitter oder ein paar Regentagen atmet alles auf: die Luft ist wieder klar, die Landschaft leuchtet in kräftigen Farben, und die Gesichter sind erleichtert. Nur – der Strand ist übersät mit «schwarzem Gold». Wer sich da noch traut, einen Spaziergang zu machen, hat mit Sicherheit bald Teer an den Füßen. Dagegen hilft nur Benzin, Butter oder anderes Fett. Wie kommt es dazu? Schiffe haben Öl abgelassen, ist ja auch bedeutend billiger, als die Tanks im Hafen zu reinigen und das Öl entsorgen zu lassen. Die Überwachung der Industrien ist unzureichend. Abwässer werden mehr als oft ungeklärt in die Flüsse geleitet. Bei plötzlichem Regen nach einer Dürre dreht manches Unternehmen besonders gerne seine Gifthähne auf. Flußabwärts und bauchaufwärts schimmern die toten Fische alsbald blau, grün und rot. Wasserverschmutzung ist das Hauptumweltproblem Portugals. Nur ein Fünftel der Bevölkerung wird mit Kläranlagen versorgt, die meisten davon funktionieren nicht. Noch mehr Portugiesen haben kein fließend Wasser im Haus. Der öffentliche Waschplatz, *lavadouro*, ist notgedrungen Treffpunkt vieler Hausfrauen für ein Klatschstündchen.

Feuer

Wer in Mittelportugal auf einer Straße fährt, die landschaftlich als besonders reizvoll ausgezeichnet ist, kann seine Überraschung erleben. In der Gegend wechseln sich abgebrannte Hänge mit verkohlten Baumstümpfen und hellgrünen Flächen von Eukalyptus-Aufforstungen ab. Das «grüne Erdöl», wie der schnell wachsende Eukalyptus genannt wird, verbreitet nach einem Regenguß einen angenehmen frischen Duft, ist sonst aber gar nicht so harmlos. Diese Anpflanzungen verdrängen immer mehr Pinien, Olivenbäume und Korkeichen, um den hohen Bedarf an Zellstoff und Papier zu decken. Und weil das Abholzen der alten Wälder oft nicht erlaubt wird, läßt der *dono* zum Streichholz greifen. Der Brand, *incêndio*, ist längst zur traurigen Tradition geworden. Kein Wunder, wenn nie ein Brandstifter hinter Gittern landet. Die Proteste dagegen nehmen zu, manch einem wird bewußt, daß die Landschaft noch mehr der Erosion ausgesetzt wird, der durstige Eukalyptus allen anderen Pflanzen das Wasser abgräbt, der ölige Humus das Unterholz erstickt und so die Fauna dezimiert. Ausgerechnet Streichholzschachteln mahnen mit dem Slogan *floresta é vida*: Wald ist Leben.

Wo drückt der Schuh? Es tut mir weh...			
dói-me a garganta	*der Hals*		
dói-me a cabeça	*der Kopf*	**dói-me a barriga**	*der Bauch*
dói-me a mão	*die Hand*	**dói-me o braço**	*der Arm*

o doutor *der Doktor*	**doente** *krank*
dói-me *tut mir weh*	**está em casa** *ist zu Hause*
o que se passa? *was ist los?*	**o que se passou?** *was ist passiert?*
cansado *müde*	
trabalhou *Sie haben gearbeitet*	**caí** *ich bin hingefallen*
demais *zuviel*	**a perna** *das Bein*
talvez *vielleicht*	**vamos ver** *sehen wir mal*
o estômago *der Magen*	**partido** *(zer-) gebrochen*
vomitei *ich habe erbrochen*	**não se preocupe** *machen Sie sich keine Sorgen*
comeu *Sie haben gegessen*	
bebeu *Sie haben getrunken*	**graças a Deus** *Gott sei Dank*
não me lembro *ich erinnere mich nicht*	

Zweimal sein

Sou português, empregado, solteiro, optimista.
Ich bin Portugiese, Angestellter, Junggeselle, Optimist.
O aeroporto é longe. – Der Flughafen ist weit.

1. Das Verb «**ser**» steht für einen Dauerzustand auf lange Sicht wie Nationalität, Beruf, Familienstand, Charakter; auch bei unveränderlichen Ortsangaben wie Gebäude, Institutionen, Straßen.

Estou cansada. – Ich bin müde.
Estou bem. – Es geht mir gut.
O professor não está. – Der Lehrer ist nicht da.
A chave está no hotel. – Der Schlüssel ist im Hotel.
O copo está partido. – Das Glas ist kaputt (zerbrochen).

2. Das Verb «**estar**» steht für einen vorübergehenden Zustand wie Krankheit, Gefühle, Wetter sowie bei örtlichem Befinden.

Zusammen mit einem Partizip wird ein Endzustand oder das Resultat einer Handlung ausgedrückt. (Mehr über Partizipien Seite 119)

Vergangenheit – die Endung macht's mal wieder

Verben auf **-ar**	Verben auf **-er**
trabalhar – arbeiten	**comer** – essen

ich habe gearbeitet	trabalh**ei**	com**i** *ich habe gegessen*
	trabalh**aste**	com**este**
	trabalh**ou**	com**eu**
	trabalh**ámos**	com**emos**
	trabalh**am**	com**eram**

Beim Arzt

Olá, Dona Joséfa, como está?	Hallo, Joséfa, wie geht es Ihnen?
Ó Senhor Doutor, dói-me tudo!	*Herr Doktor! Mir tut alles weh!*
Então o que se passa?	Also, was ist los?
Não sei, estou muito cansado.	*Ich weiß nicht, ich bin sehr müde.*
Trabalhou demais talvez.	Sie haben vielleicht zuviel gearbeitet.
Dói-me o estômago, vomitei também.	*Mir tut der Magen weh, ich habe auch erbrochen.*
O que comeu?	Was haben Sie gegessen?
Não comi nada, senhor Doutor, nada!	*Ich habe nichts gegessen, Herr Doktor, (gar) nichts!*
Bebeu alguma coisa?	Haben Sie etwas getrunken?
Eem, sim, um bocadinho de vinho.	*Ehm, ja, ein bißchen Wein.*
Só?	Nur (das)?
Uma ou duas cervejas, não me lembro.	*Ein oder zwei Bier, ich erinnere mich nicht mehr.*
E bagaço não?	Und keinen Schnaps?
Talvez, não me lembro.	*Vielleicht, ich erinnere mich nicht.*
Não está doente. Bebeu demais!	Sie sind nicht krank. Sie haben zuviel getrunken!
Talvez, senhor Doutor.	*Vielleicht, Herr Doktor.*

O senhor Doutor está em casa?	Ist der (Herr) Doktor zu Hause?
Ainda não está.	*Er ist noch nicht da.*
Espero um pouco.	Ich warte ein wenig.

O que se passou?	Was ist (denn) passiert?
Caí. Dói-me a perna.	*Ich bin gefallen. Mir tut das Bein weh.*
Vamos ver.	Sehen wir mal.
Está partida?	*Ist es gebrochen?*
Não, não se preocupe.	Nein, machen Sie sich keine Sorgen.
Ah, graças a Deus!	*Ah, Gott sei Dank!*

Familiär, aber doch mit höflichem Abstand

Wer sich nur flüchtig kennt, der siezt so:
Herr + Vorname **Senhor Alberto**
Frau + Vorname **Dona Ana**
Spricht man über einen Dritten, steht der Artikel dabei:
A Dona Ana está em Lisboa. – (Frau) Ana ist in Lissabon.

üben

1. Sagen Sie, was weh tut:

«*Dói-me **a perna**.*»

1. das Bein **2.** hier **3.** der Magen **4.** alles

2. Was gehört zusammen?

1. Não me lembro.   a Heute bin ich zu Hause.
2. Estou doente.   b Was ist passiert?
3. O que se passa?   c Ich erinnere mich nicht.
4. Hoje estou em casa.   d Ich bin krank.
5. Não se preocupe.   e Was ist los?
6. O que se passou?   f Machen Sie sich keine Sorgen.

3. Sagen Sie, was Sie gegessen haben:

«*Comi **uma torrada**.*»

1. einen Toast **2.** eine Gemüsesuppe **3.** gekochten Tintenfisch mit Reis
4. einen Nachtisch **5.** ein bißchen Käse **6.** weiter nichts **7.** zuviel

4. Was haben Sie sonst noch gemacht?

«***Jantei** num restaurante.*»

1. jantar num restaurante **2.** telefonar para a Alemanha **3.** encontrar
mil escudos **4.** ajudar a minha mulher **5.** falar com o senhor Pinto
6. conhecer uma mulher bonita

5. Fragen Sie einen Kollegen, ob er das getrunken hat:

«*Bebeu **uma cerveja fresca**?*»

1. ein kühles Bier **2.** einen Tee **3.** ein ungekühltes Wasser **4.** einen
Hauswein **5.** ein Bier vom Faß **6.** einen Kaffee **7.** Milch

6. Erzählen Sie, was Sie mit Ihren Freunden gemacht haben:

«***Experimentámos** a tasca.*»

1. experimentar a tasca **2.** encontrar o hotel **3.** trabalhar muito
4. provar o queijo caseiro **5.** pagar a conta **6.** almoçar no restaurante
7. gostar do prato do dia

Titel und Flüche

Ex.mo Sr. Dr. ... ist die Abkürzung für *Excelentíssimo Senhor Doutor...*
und heißt wörtlich: Seine Exzellenz, Herr Doktor...; entsprechend für
eine Frau *Ex.ma Sr.ª Dr.ª...* So förmlich steht es auf Briefkopf und
Anschrift. Auf Titel wird größten Wert gelegt. Jeder, der ein Universitäts-
studium abgeschlossen hat, wird mit dem Doktortitel angeschrieben und
angeredet. Für Schulkinder ist die Lehrerin immer *a senhora doutora* –
Frau Doktorin. In der Amtssprache klingt es noch reichlich nach neun-
zehntem Jahrhundert. Ein Brief ans Finanzamt zum Beispiel muß
gespickt sein mit *Vossa Excelência,* Euer Exzellenz, die übliche Anrede für
die anonymen Beamten. Das entspricht unserem «Sehr geehrte Damen
und Herren» und «Sie». Im Bürokraten-Portugiesisch wimmelt es von
Formeln, die alte Hierarchien widerspiegeln, an denen sich heute aber
niemand stört. Der Aufwand, neue Formulare zu entwerfen, würde nicht
lohnen.

Wenig formell nimmt sich dagegen die Alltagssprache aus. Sie ist durch-
setzt mit Ausdrücken wie *pá* – Mensch!, Mann!, auch als kameradschaft-
liches du angewandt. Geflucht wird, was das Zeug hält. Wer mal in
einem Zugabteil mit Soldaten gereist ist, wer Fischer oder Handwerker
belauscht hat, der muß erst die Flüche wegfiltern, um zu verstehen, was
eigentlich gemeint ist. Untereinander nehmen die meisten Männer kein
Blatt vor den Mund und nennen Schwanz, *caralho,* und Hurentochter,
filha da puta, unverblümt beim Namen. Für die Wohlerzogenen und
viele Frauen sind das Tabuwörter, sie gelten als verpönte Zeichen für
Unkultiviertheit. Umschrieben aber mit einem Ersatzwort – Prinzip
«Scheibenkleister» – bringt's auch die brave Hausfrau leicht über die
Lippen. Die Beispiele heißen dann etwa *carvalho,* Eiche, oder *filha da
mãe,* Muttertochter.

Beim geselligen Zusammensein, ob in der Kneipe oder zu Hause, wird
viel lamentiert und geschimpft – nicht unbedingt aggressiv, eher schlag-
fertig und mit viel Selbstironie gewürzt. Bei jeder Gelegenheit gehören
auch Witze, *anedotas,* zur Kommunikation. Sitzt man abends zusammen,
kann das stundenlang so gehen, und es gibt keinen, der paßt.

Einfach Ja-Sagen ist nicht einfach. Man gibt seine Zustimmung selten
mit *sim.* Fremden Ohren fällt es sofort auf: *pois* ist das Allerwelts-
wörtchen, mit dem man die Schattierungen von ja oder doch in der
gesprochenen Sprache ausdrückt; *pois é* im Sinne von ja natürlich, *pois
pois* ja eben, *pois bem* nun ja.

há *seit, vor*	**espero** *ich hoffe*
a semana *die Woche*	**triste** *traurig*
a primeira vez *das erste Mal*	**é verdade** *das ist wahr*
nosso *unser*	**voltar** *zurückkehren/-kommen*
o sol *die Sonne*	**ter saudades de** *Sehnsucht haben nach*
é uma maravilha *ist phantastisch*	
acha *Sie finden*	**te** *dir*
chover *regnen*	**escrever** *schreiben*
o tempo *das Wetter*	**sofrer** *leiden*
melhorar *besser werden*	**vale a pena** *das lohnt sich*

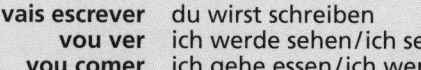

Nahe Zukunft

vais escrever	du wirst schreiben
vou ver	ich werde sehen/ich seh mal
vou comer	ich gehe essen/ich werde essen

Einfache Umschreibung für die Zukunft: **ir + Infinitiv**

Dreimal há

há peixe	es gibt Fisch
há muito tempo	seit langem, vor langer Zeit
chegou há duas horas	er ist vor zwei Stunden angekommen

1. há – es gibt
2 há – seit
3. há – vor

Doppeltes Tempo

Não tenho tempo.	Ich habe keine Zeit.
O tempo está bonito	Das Wetter ist schön.

1. o tempo – die Zeit
2. o tempo – das Wetter

Sehnsucht

Já está em Portugal há muito tempo?	Sind Sie schon seit langem in Portugal?
Não, só há uma semana.	*Nein, erst seit einer Woche.*
É a primeira vez?	Ist es das erste Mal?
Não, a segunda.	*Nein, das zweite.*
Gosta do nosso país?	Gefällt Ihnen unser Land?
Gosto muito.	*Es gefällt mir sehr.*
O nosso sol é uma maravilha, não acha?	Unsere Sonne ist phantastisch, finden Sie nicht?
Sim, mas chove há três dias.	*Ja, aber es regnet seit drei Tagen.*
Amanhã o tempo vai melhorar.	Morgen wird das Wetter besser.
Espero que sim.	*Ich hoffe ja.*

O que tens?	Was hast du?
Estou triste.	*Ich bin traurig.*
Porquê?	Warum?
Porque amanhã vou partir.	*Weil ich morgen abreisen werde.*
O quê? Vais partir? Não pode ser!	Was? Du reist ab? Das kann (doch) nicht sein!
Sim, é verdade.	*Doch, es ist wahr.*
Quando vais voltar?	Wann wirst du zurückkommen?
Não sei. Daqui a um ano, talvez.	*Weiß nicht. In 'nem Jahr vielleicht.*
Ah, é a vida!	Ah, so ist das Leben!
Vou ter saudades de Portugal.	*Ich werde Sehnsucht nach Portugal haben.*
Agora também estou triste.	Jetzt bin auch ich traurig.
Vou-te escrever.	*Ich werde dir schreiben.*
Mas vou sofrer muito.	Aber ich werde viel leiden.
Não vale a pena.	*Das lohnt sich nicht.*
Tens razão. É a vida.	Du hast recht. So ist das Leben.

ó pá! – *Mensch, hör mal!*

«**ó**» erregt Aufmerksamkeit und ruft eine Person direkt an:

ó Maria!	(hör mal,) Maria!
ó Senhor Brito!	(sagen Sie mal), Herr Brito!

Bestätigung von Meinung und Gefühl

acho que sim	ich finde ja
espero que não	ich hoffe nein

1. Sagen Sie's in der Zukunft:

«*Vou voltar **daqui a uma hora.***»

1. voltar daqui a uma hora. **2.** escrever para Portugal **3.** fazer anos em Maio **4.** perceber tudo **5.** conhecer Lisboa **6.** precisar dum fato de banho **7.** procurar a chave **8.** almoçar em casa **9.** tomar um chá no café em frente

2. Welches ist die richtige Antwort, a oder b?

1. Já está aqui há muito tempo?
 a Já não há tempo.
 b Sim, já há dois anos.

2. O tempo é uma maravilha, não acha?
 a Amanhã vou partir.
 b Acho que sim.

3. O que tem?
 a É a segunda vez.
 b Não sei.

4. Quando vai voltar?
 a Só às três horas.
 b Agora estou triste.

5. Porque está cansada?
 a Porque trabalhei muito.
 b Porque gosto do sol.

3. Was gehört zusammen?

1. Janto às sete horas.
2. Tomei um café há uma hora.
3. Não há presunto.
4. O táxi chega daqui a dez minutos.
5. Estou doente há uma semana.

a Das Taxi kommt in zehn Minuten.
b Ich bin seit einer Woche krank.
c Ich esse um sieben Uhr zu Abend.
d Ich habe vor einer Stunde einen Kaffee getrunken.
e Es gibt keinen Schinken.

4. Setzen Sie die Formen von «estar» oder «ser» ein:

1. Ich bin traurig. .... triste.
2. Herr Pedro ist nicht da. O senhor Pedro não ....
3. Ich bin Student. .... estudante.
4. Das Wetter ist gut. O tempo .... bom.
5. Wo ist der Bahnhof? Onde .... a estação?
6. Morgens bin ich zu Hause. De manhã .... em casa.

5. Wonach haben Sie Sehnsucht?

«*Tenho saudades **do meu marido.***»

1. o meu marido **2.** o sol **3.** um peixinho fresco **4.** a Alemanha **5.** as férias **6.** a minha mulher **7.** a minha cama

Alle Wörter

Menschliches

ledig
solteiro

verheiratet
casado

Sohn
o filho

Tochter
a filha

(Ehe)frau
a mulher

Hausfrau
a dona de casa

Ausländer
o estrangeiro

ist zu Hause
está em casa

traurig
triste

Sehnsucht haben
ter saudades

unser
nosso

dir
te

Drum und Dran

warum?
porquê?

weil, warum?
porque

das Jahr
o ano

der Mai
o maio

das Land
o país

zuviel
demais

vielleicht
talvez

seit/vor
há

die Woche
a semana

das erste Mal
a primeira vez

die Sonne
o sol

das Wetter
o tempo

Krank

der Doktor
o doutor

tut mir weh
dói-me

müde
cansado

der Magen
o estômago

krank
doente

ich bin gefallen
caí

das Bein
a perna

gebrochen
partido/a

Formeln

sagen Sie
diga

er wird sieben Jahre
faz sete anos

macht Arbeit
dá trabalho

was ist los?
o que se passa?

ich erinnere mich nicht
não me lembro

was ist passiert?
o que se passou?

sehen wir mal
vamos ver

machen Sie sich keine Sorgen
não se preocupe

Gott sei Dank
graças a Deus

ist phantastisch
é uma maravilha

das ist wahr
é verdade

das lohnt sich
vale a pena

Verben

fragen
perguntar

stören
incomodar

kennen/-lernen
conhecer

verstehen
perceber

Ferien machen
passar férias

Sie haben gearbeitet
trabalhou

ich habe erbrochen
vomitei

Sie haben gegessen
comeu

Sie haben getrunken
bebeu

Sie finden
acha

regnen
chover

besser werden
melhorar

ich hoffe
espero

zurückkehren
voltar

schreiben
escrever

leiden
sofrer

Monate

em Janeiro	im Januar	em Julho	im Juli
em Fevereiro	im Februar	em Agosto	im August
em Março	im März	em Setembro	im September
em Abril	im April	em Outubro	im Oktober
em Maio	im Mai	em Novembro	im November
em Junho	im Juni	em Dezembro	im Dezember

Jahreszeiten

na Primavera	im Frühling
no Verão	im Sommer
no Outono	im Herbst
no Inverno	im Winter

Monate und Jahreszeiten schreibt man groß; auch Gott «o Deus».

Nützliche Zeitangaben

esta semana	diese Woche	este ano	dieses Jahr
na semana passada	letzte Woche	no ano passado	letztes Jahr
para a semana	nächste Woche	para o ano	nächstes Jahr
no fim-de-semana	am Wochenende	no fim do ano	am Jahresende

a família

	a avó Oma	os avôs Großeltern	o avô Opa	
a tia Tante	a mãe Mutter	os pais Eltern	o pai Vater	o tio Onkel
a prima Cousine	a filha Tochter	os filhos Kinder	o filho Sohn	o primo Cousin
a sobrinha Nichte	a irmã Schwester	os irmãos Geschwister	o irmão Bruder	o sobrinho Neffe
	a neta Enkelin	os netos Enkel	o neto Enkel	

Lesen Sie sich die Dialoge durch, und tragen Sie die fehlenden Wörter ein. Wenn Sie nicht weiterwissen, dann dürfen Sie auf die nächste Seite schielen.

No médico no consultório

Bom dia.
Queria falar .... o senhor Doutor.
.... não está. Vai chegar .... a meia hora.
Estou muito preocupada.
Porquê?
.... a minha filha comeu uma nota de dez contos.
Dinheiro não .... mal à saúde.
Mas não tenho mais dinheiro para pagar a casa.
Desculpe, ... podemos ajudar.
Mas não há alguma .... para fazer vomitar?
Desculpe, não podemos fazer nada!
Boa tarde!

Conversa

Olá, Luisa.
Bom ...., ehm, não estou a conhecer o senhor.
Não pode ser! .... o Paulo!
Desculpe, não .... lembro.
No Brasil, há quatro anos!
Ah, ... verdade. O Paulo das calças cor de rosa , claro!
Sim, e tu não escreveste!
Sei, sei, é verdade. O que estás .... fazer agora?
Eu? Nada. Agora .... casado.
Ah, sim? .... filhos?
Sim, tenho uma filha. E tu?
Agora não trabalho.
Porquê? O .... se passou?
Não há trabalho.
É a vida. Mas o sol volta e o trabalho também.
Espero que ....
Com certeza, Luisa!
Tenho .... do Brasil.
Adeus Luisa, mas o tempo não volta.
É verdade. Adeus, Paulo.

Hören Sie sich die Dialoge von der Cassette an, oder lesen Sie sie durch. Vergleichen Sie dann die Lösungen, die Sie gefunden haben, und sprechen Sie sie einfach nach.

Beim Arzt in der Praxis

Boa tarde.
Queria falar com o senhor Doutor.
Ainda não está. Vai chegar daqui a meia hora.
Estou muito preocupada.
Porquê?
Porque o meu filho comeu uma nota de dez contos.
Dinheiro não faz mal à saúde.
Mas preciso do dinheiro.
Desculpe, não podemos ajudar.
Mas não há alguma coisa para fazer vomitar?
Desculpe, não podemos fazer nada!
Boa tarde!

Unterhaltung

Olá, João.
Bom dia, ehm, não estou a conhecer a senhora.
Não pode ser! Sou a Ana!
Desculpe, não me lembro.
Na Madeira, há cinco anos!
Ah, é verdade. A Ana das pernas bonitas , claro!
Sim, e tu não escreveste!
Sei, sei, é verdade. O que estás a fazer agora?
Eu? Nada. Agora sou casada.
Ah, sim? Tens filhos?
Ainda não. E tu?
Agora não trabalho.
Porquê? O que se passou?
Não há trabalho.
É a vida. Mas o sol volta e o trabalho também.
Espero que sim.
Com certeza, João!
Tenho saudades da Madeira.
Adeus João, mas o tempo não volta.
É verdade. Adeus, Ana.

Prüfstand

1. Was ist korrekt?

1. Vou ter .... de Portugal.
a fome
b saudades
c razão

2. O Paulo .... vinte anos.
a está
b é
c tem

3. O tempo .... ontem.
a melhorou
b voltou
c perguntou

4. Bebi .... na tasca.
a mais ou menos
b daqui
c demais

5. .... não gosta das pessoas?
a O que
b Porque
c Porquê

6. Agora o Pedro é ....
a empregado
b empregada
c triste

7. Estou .... casa.
a para
b em
c a

8. Não sou português, sou ....
a estrangeiro
b bonito
c doente

9. Gosto de .... o Porto.
a perceber
b sofrer
c conhecer

2. Was gehört zusammen?

1. Vale a pena, acho.
2. Em Maio faço cinquenta.
3. É verdade.
4. Graças a Deus.
5. Um filho dá trabalho.
6. Que pena! Chove.
7. Faz favor, diga.
8. O sol incomoda.
9. Portugal é uma maravilha.

a Es ist wahr.
b Wie schade! Es regnet.
c Portugal ist ein Gedicht.
d Es lohnt sich, finde ich.
e Die Sonne stört.
f Im Mai werde ich fünfzig.
g Ein Kind macht Arbeit.
h Gott sei Dank.
i Bitte, sagen Sie nur.

3. Wie sagen Sie's auf portugiesisch?

1. Ich bin zwanzig Jahre alt. **2.** Ich mache gerade Ferien. **3.** Mir tut das Bein weh. **4.** Heute bin ich zu Hause. **5.** Ich bin seit einer Woche in Lissabon. **6.** Ich werde einen Brief schreiben. **7.** Ich habe keine Kinder.

4. Vorsicht, Grammatik! Welcher Satz ist falsch?

1.
    a Daqui há uma hora vou partir.
    b Daqui a uma semana vou partir.

2.
    a Ontem choveu tanto.
    b Ontem chove tanto.

3.
    a Estou a doente há dois dias.
    b Estou doente há dois dias.

4.
    a A tasquinha é mesmo em frente.
    b A tasquinha está mesmo em frente.

5.
    a Sou dona de casa. Dá trabalho.
    b Sou dona de casa. Faz trabalho.

6.
    a Vou voltar logo.
    b Vou volto logo.

5. Haben Sie aufgepaßt?

1. Portugiesische Ärzte
    a sind Kurpfuscher.
    b üben ihren Beruf am liebsten in der Provinz aus.
    c kommen vom Operationstisch kaum weg.

2. Hexen
    a werden in Portugal verbrannt.
    b sehen den Ehekrach voraus.
    c mästen Schweine und Kinder.

3. Ein «lavadouro» ist
    a ein Pool, an dem Gin serviert wird.
    b eine Naßzelle.
    c ein Platz, wo man Wäsche wäscht.

4. «Grünes Erdöl»
    a ist der Stoff, aus dem man auch Hustenbonbons herstellt.
    b ist der beste Dünger.
    c saufen Tiere besonders gern.

5. «Schwarzes Gold»
    a findet man in Goldgräberstädten.
    b wird auf dem Meeresgrund gefunden.
    c klebt an Schuhsohlen.

Kurzgrammatik

onde?	wo?	**Onde está?**	*Wo sind Sie?*
para onde?	wohin?	**Para onde vai?**	*Wohin fährt er?*
como?	wie	**Como está o tempo?**	*Wie ist das Wetter?*
porque?	warum?	**Porque estás triste?**	*Warum bist du traurig?*
porquê?	warum?	**Estás triste. Porquê?**	*Du bist traurig. Warum?*
quando?	wann?	**Quando parte?**	*Wann fahren Sie ab?*
donde?	woher?	**Donde vem?**	*Woher kommen Sie?*
quem?	wer?/wen?	**Quem é o pai?** **Quem convida?**	*Wer ist der Vater?* *Wen laden Sie ein?*
qual?	welche/r/s/?	**Qual é o seu quarto?**	*Welches ist Ihr Zimmer?*
quais?	welche?	**Quais são?**	*Welche sind es?*
quanto?	wieviel?	**Quanto pago?**	*Wieviel zahle ich?*
quantos? **quantas?**	wie viele?	**Quantas pessoas estão?**	*Wie viele Personen sind da?*
(o) que?	was?	**Que paga?**	*Was zahlen Sie?*
o quê?	Was?	**O quê? Conhece a Maria?**	*Was? Sie kennen Maria?*

Es gibt keinen Unterschied zwischen einer Satzfrage und einem einfachen Aussagesatz: **É perto?** – Ist es nah? **É perto.** – Es ist nah. Nur hebt man bei der Frage die Stimme. In der gesprochenen Sprache hört man viel «que». Das liegt daran, daß man häufig ein **é que** als Betonung einschiebt, z. B.: **O que é que paga?** *Was ist es, das Sie zahlen?*

Das Substantiv (Hauptwort)

o ban**h**o *das Bad*

a lua *der Mond*

Wörter auf **-o** sind männlich, auf **-a** weiblich; sächlich gibt's nicht. Es gibt nur wenige Ausnahmen, z. B.:

Bei Wörtern, die nicht auf **-o** oder **-a** enden, sollten Sie sich den Artikel dazu einprägen, z. B.:

a foto	*das Foto*	o bacalhau	*der Stockfisch*
o clima	*das Klima*	o peixe	*der Fisch*
o mapa	*die Landkarte*	a carne	*das Fleisch*
o cinema	*das Kino*	o sol	*die Sonne*
o problema	*das Problem*	a noite	*die Nacht*
o dia	*der Tag*	o país	*das Land*

Artikel und Adjektiv (Eigenschaftswort)

o brasileir**o**
der Brasilianer
o brasileir**o** bonit**o**
der schöne Brasilianer
os brasileir**os**
die Brasilianer
os brasileir**os** bonit**os**
die schönen Brasilianer

a brasileir**a**
die Brasilianerin
a brasileir**a** bonit**a**
die schöne Brasilianerin
as brasileir**as**
die Brasilianerinnen
as brasileir**as** bonit**as**
die schönen Brasilianerinnen

Das Adjektiv steht im allgemeinen nach dem Substantiv. Achtung, im Gegensatz zum Deutschen:

o brasileir**o** é bonit**o**
der Brasilianer ist schön

as brasileir**as** são bonit**as**
die Brasilianerinnen sind schön

Das Adjektiv richtet sich immer nach dem Substantiv, bei dem es steht: für männlich **-o/-os,** für weiblich **-a/-as.** Gute Nachricht: Adjektive, die nicht auf **-o** enden, haben für männlich und weiblich nur eine Form, z. B.:

o filho **doente**	*der kranke Sohn*	a filha **doente**	*die kranke Tochter*
grande *groß*	**fácil** *leicht*	**azul** *blau*	**difícil** *schwer*

Schlechte Nachricht: Einige Adjektive funktionieren anders, z. B.:

o dono **português** *der portugiesische Besitzer*
a dona **portuguesa** *die portugiesische Besitzerin*

inglês/inglesa *englisch*		**francês/francesa** *französisch*
espanhol/espanhola *spanisch*		**alemão/alemã** *deutsch*
bom/boa *gut*		**mau/má** *schlecht*

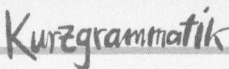

Kurzgrammatik

Plural (Mehrzahl)

um brasileiro	**três** brasileiro**s**	**uma** brasileira	**três** brasileira**s**
uma noite	**três** noite**s**	**uma** alemã	**três** alemã**s**

Wörter, die auf **-a/-e/-i/-o/-u/-ã** enden, hängen in der Mehrzahl ein **s** an.

uma mulher	**três** mulher**es**	uma vez	**três** vez**es**
um país	**três** paíse**s**		

Wörter auf **-r / -z / -s** hängen ein «**es**» an.

Wörter auf **-ês** verlieren den Akzent:

o portugu**ês**	os portugu**eses**.	o avi**ão**	os avi**ões**
		a esta**ção**	as esta**ções**

ão wird zu **ões** mit wenigen Ausnahmen, z. B.:

o alem**ão**	os alem*ães*	o p**ão**	os p**ães**
a m**ão**	as m**ãos**	o irm**ão**	os irm**ãos**

Praktisch zu wissen:

o hom**em**	os hom**ens**	**-m** → **-ns**
o post**al**	os post**ais**	**-al** → **-ais**
o hot**el**	os hot**éis**	**-el** → **-éis**
o espanh**ol**	os espanh**óis**	**-ol** → **-óis**

Gute Nachricht: Die Pluralendungen gelten auch für Adjektive mit den entsprechenden Endungen.

Verben

Die Endung macht's; die Pronomen (ich, du, er, sie, wir, ihr, sie) können wegfallen. Gesiezt wird in der 3. Person Einzahl (er, sie, Sie). Für die Anrede *ihr*, *Sie* und die dritte Mehrzahl *sie* gilt eine Endung.

Es gibt **drei** regelmäßige Verbgruppen; Endung auf: **-ar, -er, -ir.**

Gegenwart

	fal**ar** *sprechen*	viv**er** *leben*	part**ir** *abfahren*
ich	fal**o**	viv**o**	part**o**
du	fal**as**	viv**es**	part**es**
er / sie / Sie	fal**a**	viv**e**	part**e**
wir	fal**amos**	viv**emos**	part**imos**
ihr / sie / Sie	fal**am**	viv**em**	part**em**

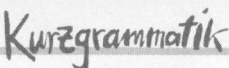

Kurzgrammatik

Vergangenheit

Auch bei der Vergangenheit für den Alltag macht's die Endung.

	gesprochen haben	gelebt haben	abgefahren sein
ich	fal**ei**	viv**i**	parti
du	fal**aste**	viv**este**	part**iste**
er/sie/Sie	fal**ou**	viv**eu**	part**iu**
wir	fal**ámos**	viv**emos**	part**imos**
ihr/sie/Sie	fal**aram**	viv**eram**	part**iram**

Befehlsform

Ganz einfach: die Verben auf **-ar** bekommen ein «e» und die Verben auf **-er/-ir** ein «a».

fal**a**	fal**e**!
Sie sprechen	*sprechen Sie!*
viv**e**	viv**a**!
Sie leben	*leben Sie (hoch)!*
part**e**	part**a**!
Sie fahren ab	*fahren Sie ab!*

viva! heißt übrigens auch «Gesundheit!».

Die wichtigsten «regelmäßigen Unregelmäßigkeiten»

Sie treten nur in der 1. Person (ich) der Gegenwart und der Vergangenheit auf; alle anderen Personen werden regelmäßig gebildet.

Gegenwart

		c vor o → ç	
esquecer	*vergessen*	esqueço	*ich vergesse*
		esqueces	*du vergißt*
		esquece	*er/sie vergißt*
			Sie vergessen
		esquecemos	*wir vergessen*
		esquecem	*sie vergessen*
genauso:			*ihr/Sie vergeßt*
conhecer	*kennen*	conheço	*ich kenne*
aquecer	*heizen*	aqueço	*ich heize*
descer	*aussteigen*	desço	*ich steige aus*
oferecer	*anbieten*	ofereço	*ich biete an*

cento e dezassete **117**

Kurzgrammatik

		e → i	
sentir	*fühlen*	sinto	*ich fühle*
preferir	*vorziehen*	prefiro	*ich ziehe vor*
repetir	*wiederholen*	repito	*ich wiederhole*
servir	*dienen*	sirvo	*ich diene*
		o → u	
dormir	*schlafen*	durmo	*ich schlafe*
tossir	*husten*	tusso	*ich huste*
descobrir	*entdecken*	descubro	*ich entdecke*
		ganz verrückt	
perder	*verlieren*	**perco**	*ich verliere*
pedir	*bitten*	**peço**	*ich bitte*

Vergangenheit

chegar	*(an)kommen*	cheguei	*ich bin gekommen*
		chegaste	*du bist gekommen*
		chegou	*er/sie ist gekommen*
			Sie sind gekommen
		chegámos	*wir sind gekommen*
		chegaram	*sie/Sie sind gekommen*
			ihr seid gekommen
genauso:			
pagar	*zahlen*	paguei	*ich habe bezahlt*
ficar	*bleiben*	fiquei	*ich bin geblieben*
começar	*anfangen*	comecei	*ich habe angefangen*

Damit [g, k, ç] vor e gleich klingen, müssen sie gu, qu, c geschrieben werden.

Wichtigste unregelmäßigen Verben in Gegenwart und Vergangenheit

ser *sein*		**vir** *kommen*	
sou	fui	venho	vim
és	foste	vens	vieste
é	foi	vem	veio
somos	fomos	vimos	viemos
são	foram	vêm	vieram

estar *sein*		**fazer** *machen*	
estou	estive	faço	fiz
estás	estiveste	fazes	fizeste
está	esteve	faz	fez
estamos	estivemos	fazemos	fizemos
estão	estiveram	fazem	fizeram

ter *haben*		dizer *sagen*	
tenho	tive	digo	disse
tens	tiveste	dizes	disseste
tem	teve	diz	disse
temos	tivemos	dizemos	dissemos
têm	tiveram	dizem	disseram

ir *gehen*		dar *geben*	
vou	fui	dou	dei
vais	foste	dás	deste
vai	foi	dá	deu
vamos	fomos	damos	demos
vão	foram	dão	deram

poder *können*		ver *sehen*	
posso	pude	vejo	vi
podes	pudeste	vês	viste
pode	pôde	vê	viu
podemos	pudemos	vemos	vimos
podem	puderam	vêem	viram

Regelmäßige Partizipien

Praktisch zu wissen für die Verbindung **estar + Partizip**. Damit wird der Endzustand einer Handlung ausgedrückt. Das Partizip richtet sich nach dem männlichen oder weiblichen Artikel in der Einzahl oder Mehrzahl. Es dient auch zur Bildung von Vergangenheitszeiten und dem Passiv.

procur**ar** – procur**ado** -ar → ado / ada / ados / adas
suchen – gesucht

conhec**er** – conhec**ido** -er → ido / ida / idos / idas
kennen – (ge)bekannt

part**ir** – part**ido** -ir → ido / ida / idos / idas
brechen – gebrochen

esgotado	*ausverkauft*	**avariado**	*defekt*
provado	*erprobt/bewährt*	**atrasado**	*verspätet*
estragado	*verdorben*	**enganado**	*betrogen*
tomado	*(ein)genommen*	**estacionado**	*geparkt*
fechado	*geschlossen*	**vendido**	*verkauft*

Kurzgrammatik

Wichtige unregelmäßige Partizipien

abrir	aberto	*geöffnet*
cobrir	coberto	*bedeckt*
escrever	escrito	*geschrieben*
fazer	feito	*gemacht*
ver	visto	*gesehen*
salvar	salvo	*gerettet*
pagar	pago	*bezahlt*
ganhar	ganho	*verdient/gewonnen*
gastar	gasto	*ausgegeben*

O banho **está ocupado**.	*Das Bad ist besetzt.*
A casa **está alugada**.	*Das Haus ist vermietet.*
Os museus **estão fechados**.	*Die Museen sind geschlossen.*

Präpositionen

Die Präpositionen **a, de, em, por** verschmelzen mit dem Artikel.

	+ o	+ a	+ os	+ as	+ um	+ uma
a	ao	à	aos	às	–	–
de	do	da	dos	das	dum	duma
em	no	na	nos	nas	num	numa
por	pelo	pela	pelos	pelas	–	–

para	*für, nach, um, zu*
para o Carlos	*für Carlos*
para amanhã	*für morgen*
para comer	*um zu essen*
para casa	*nach Hause*
para Lisboa	*nach Lissabon*
para cama	*ins Bett*
para o ano	*nächstes Jahr*
para a semana	*nächste Woche*

a	*um, in*

a + o → ao	às cinco horas	*um fünf Uhr*
a + a → à	à uma hora	*um ein Uhr*
a + os → aos	a que horas?	*um wieviel Uhr?*
a + as → às	a pé	*zu Fuß*
	ao café	*ins Café*
	à tarde	*nachmittags*

Kurzgrammatik

			por	durch, aus, für
por + o	→ pelo		pelo centro	durch das Zentrum
por + a	→ pela			
por + os	→ pelos		pela porta	durch die Tür
por + as	→ pelas		pela manhã	gegen Morgen
			por muito tempo	für lange Zeit
			por vinte escudos	für 20 Escudos
			por amor	aus Liebe
			por aqui	irgendwo hier
			por isso	deswegen
			por dia	pro Tag
			obrigado/a por	danke für

			de	aus, von, mit
de + o	→ do		de Portugal	aus Portugal
de + a	→ da		da Alemanha	aus Deutschland
de + os	→ dos		de comboio	mit dem Zug
de + as	→ das		da universidade	von der Universität
de + um	→ dum			
de + uma	→ duma			

			em	in, auf, an
em + o	→ no		no quarto	im Zimmer
em + a	→ na		na rua	auf der Straße
em + os	→ nos		no mercado	auf dem Markt
em + as	→ nas		em casa	zu Hause
em + um	→ num		em Portugal	in Portugal
em + uma	→ numa		na Alemanha	in Deutschland
			no estrangeiro	im Ausland
			na segunda-feira	am Montag
			em 1994	1994
			em geral	im allgemeinen
			em princípio	im Prinzip

Kurzgrammatik

Pronomen

Personalpronomen		im Akkusativ		im Dativ	
eu	*ich*	me	*mich*	me	*mir*
tu	*du*	te	*dich*	te	*dir*
ele	*er*	o	*ihn*	lhe	*ihm*
ela	*sie*	a	*sie*	lhe	*ihr*
você	*Sie*	o/a	*Sie*	lhe	*Ihnen*
o/a Senhor/a					
nós	*wir*	nos	*uns*	nos	*uns*
vocês	*ihr*	vocês	*euch*	lhes	*euch*
eles	*sie*	os	*sie*	lhes	*ihnen*
elas	*sie*	as	*sie*	lhes	*ihnen*
os/as senhores,-as		os/as	*Sie*	lhes	*Ihnen*

Akkusativ- und Dativpronomen stehen normalerweise nach dem Verb und werden mit einem Bindestrich verbunden:
Procuro-**o** heißt *Ich suche **ihn/Sie***.
Procuro-**a** heißt *Ich suche **sie/Sie***.

Bei Verneinung aber immer vor dem Verb und dann ohne Bindestrich:
Não **o** encontro heißt *Ich finde **ihn/Sie** nicht*.

Possessivpronomen

männlich			weiblich
o meu	*mein*		a minha
os meus	*meine*		as minhas
o teu	*dein*		a minha
os teus	*deine*		as minhas
o seu	*sein/ihr/Ihr*		a sua
os seus	*seine/ihre/Ihre*		as suas
o nosso	*unser*		a nossa
os nossos	*unsere*		as nossas
o vosso	*euer*		a vossa
os vossos	*eure*		as vossas
o seu	*ihr/Ihr*		a sua
os seus	*ihre/Ihre*		as suas

Alle Possessivpronomen stehen normalerweise mit Artikel.

Keine Verwechslung bitte zwischen «sein» und «ihr». Auf portugiesisch gibt es nur ein Wort dafür, der Zusammenhang macht es dann. *O seu* dinheiro heißt beides: *sein Geld* und auch *ihr Geld*.

Schlüssel

Üben 1

1. **1.** a **2.** b **3.** b **4.** a **5.** a

2. **1.** como está? **2.** bom dia **3.** bem, obrigado **4.** até amanhã
5. boa noite **6.** óptimo

3. **1.** c **2.** e **3.** a **4.** b **5.** d

4. **1.** Bom dia. **2.** Muito obrigado, adeus. **3.** Como está? **4.** Olá, boa
tarde. **5.** Adeus, até logo.

Üben 2

1. **1.** Mein Name ist João. **2.** Ich bin Lehrerin. **3.** Sprechen Sie Portu-
giesisch? **4.** Wie heißt du? **5.** Angenehm, ich bin Maria Alves.
6. Arbeitest du in Lissabon? **7.** Eine deutsche Studentin.

2. **1.** b **2.** a **3.** b **4.** a **5.** b

3. **1.** Lisboa **2.** mais ou menos **3.** o empregado **4.** o dono **5.** tudo bem

4. **1.** em Portugal **2.** a empregada. **3.** Fala alemão? **4.** Onde trabalha?
5. o professor **6.** o meu nome é **7.** Como se chama? **8** Sou alemã
9. muito prazer

5. **1.** nome **2.** sou **3.** te **4.** num

Üben 3

1. **1.** c **2.** e **3.** f **4.** d **5.** a **6.** b

2. **1.** seis **2.** quatro **3.** dez **4.** cinco **5.** três **6.** dois **7.** dois **8.** seis

Schlüssel

3. 1. r **2.** f **3.** f **4.** r **5.** f

4. 1. c **2.** e **3.** a **4.** b **5.** d

5. um, dois, três – seis, cinco, quatro – dez, oito, nove – zero, cinco, sete, nove – oito, dois, seis – três, quatro, dois

Hier fehlt's:

Dialog 1: bom – como – bem – menos – És – Às – ponto – até;
Dialog 2: noite – chama – é – sou – português – número.

Prüfstand 1–3

1. 1. a **2.** b **3.** b **4.** a **5.** c **6.** c

2. 1. como está **2.** mais ou menos **3.** empregado **4.** sim

3. 1. c **2.** b **3.** c **4.** a **5.** b

4. 1. são nove **2.** são cinco **3.** são duas **4.** são três e um quarto
5. são seis menos dez **6.** são quatro e meia

5. 1. um – três **2.** sete – nove **3.** quatro – seis **4.** oito – dez
5. zero – dois **6.** dois – quatro

6. 1. b **2.** c **3.** c **4.** a **5.** b **6.** a

Üben 4

1. 2. Quanto custa um quarto com banho? **3.** Quanto custa o táxi?
4. Quanto custa o café? **5.** Quanto custa um quarto com três camas? **6.** Quanto custa o bilhete para Lisboa?

2. 2. dezassete pessoas **3.** oito pessoas **4.** trinta e quatro pessoas
5. doze pessoas **6.** vinte e cinco pessoas **7.** vinte e duas pessoas
8. onze pessoas

3. 1. b **2.** a **3.** b **4.** a **5.** b

4. 1. Queria um quarto. **2.** Queria uma cama de casal. **3.** Queria a chave. **4.** Queria um café.

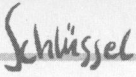

Übung 5

1. **1.** b **2.** b **3.** a **4.** a **5.** b

2. **2.** duas horas **3.** dois bilhetes **4.** dois comboios **5.** duas linhas **6.** dois senhores **7.** dois aviões

3. **1.** É longe? **2.** De nada. **3.** A que horas parte? **4.** Para Lisboa, por favor. **5.** Para a estação. **6.** Só ida, por favor. **7.** Não sei. **8.** Parte daqui a dez minutos.

4. **2.** um bilhete para Lisboa, por favor **3.** dois bilhetes para Olhão, por favor **4.** quatro bilhetes para o Porto, por favor **5.** dois bilhetes para Braga, por favor **6.** cinco bilhetes para a Figueira da Foz, por favor

Übung 6

1. **2.** trinta **3.** catorze **4.** seis **5.** dezassete **6.** sessenta e quatro **7.** treze **8.** cinquenta

2. **1.** c **2.** e **3.** a **4.** b **5.** d

3. **2.** às nove da manhã **3.** às três da tarde **4.** às oito da noite **5.** às duas da tarde **6.** à uma da tarde **7.** às onze da manhã **8.** às dez da noite **9.** às cinco da tarde

4. **2.** é melhor de comboio **3.** é melhor de avião **4.** é melhor de autocarro **5.** é melhor de metro **6.** é melhor de táxi **7.** é melhor de carro

5. **2.** Quando parte o autocarro? **3.** Quando parte o comboio para Lagos? **4.** Quando parte o intercidades para Braga? **5.** Quando parte o Alfa para o Porto?

6. **2.** Quando chega a Portimão? **3.** Quando chega ao Porto? **4.** Quando chega a Faro? **5.** Quando chega à estação? **6.** Quando chega a Vila Real? **7.** Quando chega ao aeroporto? **8.** Quando chega ao hotel?

Hier fehlt's:

Dialog 1: onde – É – menos – Há – de;
Dialog 2: Bom – Para – bem – à – Quanto – escudos;
Dialog 3: Boa – Tem – pessoas – favor – o – é – número – para;
Dialog 4: bilhetes – volta – chega – Às.

Schlüssel

Prüfstand 4–6

1. **1.** b **2.** c **3.** a **4.** a **5.** c **6.** c

2. **1.** e **2.** d **3.** b **4.** c **5.** a

3. **1.** chama **2.** momento **3.** a pé **4.** volta

4. **1.** Queria um quarto para duas pessoas. **2.** Para o aeroporto, depressa. **3.** Queria um bilhete para Coimbra. **4.** Onde é a paragem? **5.** É perto? **6.** Há um comboio para Cascais?

5. **1.** b **2.** c **3.** a **4.** c **5.** b **6.** a

6. **1.** Wieviel kostet das Zimmer? **2.** Wo ist der Bahnhof? **3.** Zwei Fahrkarten nach Lissabon. **4.** Gibt es einen Zug am Nachmittag? **5.** Wann kommt er in Braga an? **6.** Der Bus fährt in zehn Minuten ab. **7.** Wo ist die Haltestelle? **8.** Hier haben Sie den Schlüssel. **9.** Es ist nah, zehn Minuten zu Fuß.

Üben 7

1. **1.** d **2.** f **3.** a **4.** c **5.** g **6.** b **7.** e

2. **1.** a **2.** a **3.** b **4.** a **5.** b

3. **2.** quatrocentos e settenta escudos **3.** setecentos e quarenta escudos **4.** cento e sessenta escudos **5.** novecentos e cinquenta e cinco escudos **6.** mil e trezentos escudos **7.** dois mil e quinhentos escudos **8.** trezentos e oitenta e sete escudos **9.** quatrocentos e vinte escudos

4. **1.** Quanto é? **2.** Alguma coisa para comer? **3.** Queria pagar. **4.** Toma leite ou água? **5.** O que paga? **6.** O quê, tanto?

Üben 8

1. **1.** d **2.** f **3.** a **4.** b **5.** e **6.** c

2. **2.** vamos a um restaurante **3.** vamos a um hotel **4.** vamos a um café **5.** vamos a um bar **6.** vamos a uma pensão

3. **1.** a **2.** b **3.** a **4.** a

4. 2. mais um chá com leite **3.** mais uma água com gás **4.** mais um frango com arroz **5.** mais uma cerveja natural **6.** mais uma água fresca **7.** mais um croissant com queijo **8.** mais um pequeno almoço sem batatas fritas **9.** mais uma torrada

Üben 9

1. 2. queria tomar o pequeno almoço **3.** queria comer **4.** queria pagar **5.** queria tomar uma água **6.** queria comer um petisco **7.** queria tomar um café **8.** queria tomar um vinho caseiro **9.** queria comer uma sobremesa

2. 2. não temos petiscos **3.** não temos gelados **4** não temos sopa de legumes **5.** não temos croissants com queijo **6.** não temos torradas **7.** não temos água com gás **8.** não temos vinho caseiro **9.** não temos polvo cozido

3. 1. f **2.** c **3.** a **4.** b **5.** g **6.** d **7.** e

4. 2. Deseja uma dose de vitela? **3.** Deseja uma sopa de legumes? **4.** Deseja o prato do dia? **5.** Deseja peixe com arroz? **6.** Deseja um vinho caseiro? **7.** Deseja petiscos? **8.** Deseja batatas fritas? **9.** Deseja sandes?

Hier fehlt's:

Dialog 1: tomar – café – que – uma – pequeno;
Dialog 2: São – fome – vamos – tenho;
Dialog 3: favor – Faz – mil – escudos – mil.

Prüfstand 7–9

1. 1. vinho **2.** arroz **3.** não sei **4.** a estação

2. 1. b **2.** c **3.** a **4.** b **5.** c **6.** c

3. 1. d **2.** e **3.** f **4.** a **5.** c **6.** b

4. 1. a ementa **2.** o prato do dia **3.** Tenho fome **4.** a conta **5.** depende

5. 1. b **2.** c **3.** a **4.** a **5.** a **6.** a

Üben 10

1. **1.** b **2.** a **3.** b **4.** b **5.** a

2. **2.** queria uma sopinha **3.** queria uma saladinha **4.** queria um pratinho **5.** queria um quilinho **6.** queria uma coisinha

3. **2.** Posso pagar a conta? **3.** Posso comer a sobremesa? **4.** Posso provar o presunto? **5.** Posso almoçar no hotel? **6.** Posso telefonar do comboio?

4. **2.** Pode provar o meu petisco. **3.** Pode provar a minha sobremesa. **4.** Pode provar a minha água. **5.** Pode provar a minha sande. **6.** Pode provar o meu peixe. **7.** Pode provar a minha broa.

5. **2.** Não tenho o seu número de telefone. **3.** Não tenho o seu bilhete de identidade. **4.** Não tenho a sua chave. **5.** Não tenho o seu carro. **6.** Não tenho o seu dinheiro. **7.** Não tenho a sua ementa.

Üben 11

1. **2.** falo depressa **3.** almoço numa tasca **4.** encontro a casa de banho **5.** levo o dinheiro **6.** desejo um peixe fresco **7.** telefono no hotel **8.** trabalho num café **9.** tomo um chá

2. **1.** f **2.** d **3.** e **4.** b **5.** c **6.** a

3. **2.** Onde encontro o meu marido? **3.** Onde encontro um hotel? **4.** Onde encontro a casa de banho? **5.** Onde encontro a caixa? **6.** Onde encontro o elevador? **7.** Onde encontro uma tasca?

4. **1.** d **2.** e **3.** a **4.** b **5.** c

5. **1.** no rés-do-chão **2.** à esquerda **3.** no primeiro andar **4.** mesmo aqui **5.** em frente **6.** no segundo andar **7.** na caixa **8.** o elevador não funciona

Üben 12

1. **2.** tenho de esperar uma hora **3.** tenho de procurar o hotel **4.** tenho de encontrar a minha chave **5.** tenho de comer no restaurante **6.** tenho de telefonar para a Alemanha

Schlüssel

2. **2.** preciso de trocado **3.** preciso dum trabalho **4.** preciso da chave **5.** preciso do dinheiro **6.** preciso de dez pães **7.** preciso da conta **8.** preciso dum fato de banho **9.** preciso dum conto

3. **1.** b **2.** a **3.** b **4.** b **5.** b **6.** a

4. **1.** Tem de esperar um momento. **2.** Tenho pressa. **3.** Posso ajudar? **4.** Tem razão. **5.** Posso ver a blusa? **6.** Pago o postal. **7.** Queria experimentar os sapatos.

5. **2.** Gosta da blusa? **3.** Gosta de Lisboa? **4.** Gosta das senhoras? **5.** Gosta do postal? **6.** Gosta dos pêssegos? **7.** Gosta de Portugal? **8.** Gosta das calças? **9.** Gosta da cor?

Hier fehlt's:

tarde – posso – o – duma – na – e – Que – gosta – Tem – Posso – certeza – quanto – pouco – contos – leva – meu – Tem – há – em – de – Paga

Prüfstand 10 – 12

1. Falsch sind: **1.** a **2.** b **3.** a **4.** a **5.** b

2. **1.** f **2.** i **3.** a **4.** h **5.** b **6.** e **7.** c **8.** g **9.** d

3. **1.** pele **2.** chega **3.** grama **4.** marido **5.** cor **6.** caixa

4. **1.** Queria um bocadinho de queijo. **2.** Não tenho mais dinheiro. **3.** Procuro casacos. **4.** Queria experimentar os sapatos. **5.** Gosto das calças vermelhas. **6.** Tenho de telefonar para Lisboa. **7.** Mais nada. **8.** Onde encontro blusas?

5. **1.** c **2.** b **3.** c **4.** a **5.** a **6.** a

Üben 13

1. **1.** O Jorge tem quarenta e nove anos. **2.** A Florbela tem vinte e seis anos. **3.** O senhor Sousa tem sessenta e dois anos. **4.** O Carlos tem trinta e seis anos. **5.** A Xica tem oito anos. **6.** A senhora Portela tem cinquenta e cinco anos. **7.** A Ernestina tem vinte e um anos. **8.** O senhor António tem setenta e três anos. **9.** O João tem dezassete anos.

2. **1.** Estou a fazer férias em Portugal. **2.** Estou a tomar o pequeno almoço. **3.** Estou a procurar um hotel no Porto. **4.** Estou a ver a ementa. **5.** Estou a provar a sobremesa. **6.** Estou a pagar a conta. **7.** Estou a falar depressa.

3. **1.** b **2.** a **3.** b **4.** a **5.** a **6.** b

4. **1.** Porque não gosto de trabalhar. **2.** Porque não gosto de passar férias en Portugal. **3.** Porque não gosto de falar com o marido. **4.** Porque gosto de esperar tanto tempo. **5.** Porque não gosto de perguntar. **6.** Porque gosto de tomar café. **7.** Porque não gosto de experimentar as calças. **8.** Porque não gosto de comer as batatas fritas.

Üben 14

1. **1.** Dói-me a perna. **2.** Dói-me aqui. **3.** Dói-me o estômago. **4.** Dói-me tudo.

2. **1.** c **2.** d **3.** e **4.** a **5.** f **6.** b

3. **1.** Comi uma torrada. **2.** Comi uma sopa de legumes. **3.** Comi polvo cozido com arroz. **4.** Comi uma sobremesa. **5.** Comi um bocadinho de queijo. **6.** Comi mais nada. **7.** Comi demais.

4. **1.** Jantei num restaurante. **2.** Telefonei para a Alemanha. **3.** Encontrei mil escudos. **4.** Ajudei a minha mulher **5.** Falei com o senhor Pinto. **6.** Conheci uma mulher bonita.

5. **1.** Bebeu uma cerveja fresca? **2.** Bebeu um chá? **3.** Bebeu uma água natural? **4.** Bebeu um vinho caseiro? **5.** Bebeu um fino? **6.** Bebeu um café? **7.** Bebeu leite?

6. **1.** Experimentámos a tasca. **2.** Encontrámos o hotel. **3.** Trabalhámos muito. **4.** Provámos o queijo caseiro. **5.** Pagámos a conta. **6.** Almoçámos no restaurante. **7.** Gostámos do prato do dia.

Üben 15

1. **1.** Vou voltar daqui a uma hora. **2.** Vou escrever para Portugal. **3.** Vou fazer anos em Maio. **4.** Vou perceber tudo. **5.** Vou conhecer Lisboa. **6.** Vou precisar dum fato de banho. **7.** Vou procurar a chave. **8.** Vou almoçar em casa. **9.** Vou tomar um chá no café em frente.

2. **1.** b **2.** b **3.** b **4.** a **5.** a

3. **1.** c **2.** d **3.** e **4.** a **5.** b

4. **1.** estou **2.** está **3.** sou **4.** está **5.** é **6.** estou

5. **1.** Tenho saudades do meu marido. **2.** Tenho saudades do sol.
3. Tenho saudades dum peixinho fresco. **4.** Tenho saudades da
Alemanha. **5.** Tenho saudades das férias. **6.** Tenho saudades da
minha mulher. **7.** Tenho saudades da minha cama.

Hier fehlt's:

com – Ainda – daqui – Porque – faz – não – coisa – dia – sou – me – é –
a – sou – Tens – que – sim – saudades

Prüfstand

1. **1.** b **2.** c **3.** a **4.** c **5.** b **6.** a **7.** b **8.** a **9.** c

2. **1.** d **2.** f **3.** a **4.** h **5.** g **6.** b **7.** i **8.** e **9.** c

3. **1.** Tenho vinte anos. **2.** Estou a fazer férias. **3.** Dói-me a perna.
4. Hoje estou em casa. **5.** Estou em Lisboa há uma semana.
6. Vou escrever uma carta. **7.** Não tenho filhos.

4. Richtig sind: **1.** b **2.** a **3.** b **4.** a **5.** a **6.** a

5. **1.** c **2.** b **3.** c **4.** a **5.** c

Wörterbuch

Dieses Wörterbuch beinhaltet rund 2700 portugiesische Wörter und Wendungen. Es gilt zu beachten:

Hauptwörter auf **-o** sind immer männlich, haben also den Artikel **o** oder **um**. Hauptwörter auf **-a** sind immer weiblich und haben den Artikel **a** oder **uma**. Alles, was davon abweicht (zum Beispiel **o di**a, **a tard**e), und alle Hauptwörter, die auf Konsonant enden, sind mit dem entsprechenden Artikel versehen. Hauptwörter, die man nur in der Mehrzahl gebraucht, sind mit den Artikeln **os** oder **as** gekennzeichnet.

Die Zahlen geben an, auf welcher Seite jeweils die 300 wichtigsten Wörter eingeführt werden, mit denen sich dieses Sprachbuch besonders befaßt.

A

a 1. die 21 2. zu, nach, um 25
abandonar verlassen
abcesso Geschwür
aberto/a offen
aborrecer-se sich langweilen
aborrecido/a (estar) sich langweilen
abraço Umarmung
abre-cápsulas (o) Flaschenöffner
abre-latas (o) Dosenöffner
Abril (o) April
abrir aufmachen, öffnen
abusar mißbrauchen

acabar de aufhören zu, - de fazer gerade etwas getan haben
acaso Zufall, por - zufällig
accão (a) Handlung, Aktion, Tat
aceitar akzeptieren
acelerar beschleunigen
acender anzünden
acento Akzent
acesso Zubringer
achar finden 105, glauben
acidente (o) Unfall
acompanhar begleiten
acontecer geschehen, passieren
acontecido passiert
acontecimento Ereignis, Veranstaltung, Vorfall

acordado/a wach
acordar aufwachen
acordo Abkommen, Einverständnis, de - einverstanden
acreditar glauben
acrescentar bemerken
actividade (a) Tätigkeit
activo/a aktiv, tätig
acto Tat
actor (o) Schauspieler
actriz (a) Schauspielerin
actual aktuell
açúcar (o) Zucker
acusar beschuldigen
adega Weinkeller
adesivo Heftpflaster
adeus auf Wiedersehen 17
aditivo Zusatz
adivinhar (er)raten

adjectivo *Adjektiv*
administração (a) *Verwaltung*
admirar *bewundern*
admirar-se *sich wundern*
admitir *zugeben*
advérbio *Adverb*
adversário/a *Gegner/in*
advogado *Rechtsanwalt*
aeroporto *Flughafen* 41
afastar-se *sich entfernen*
agência *Agentur,* - de viagem *Reisebüro*
agora *jetzt* 41
Agosto *August*
agradecer *sich bedanken*
agricultor (o) *Bauer*
agricultura *Landwirtschaft*
água *Wasser* 57, - mineral *Mineralwasser,* -potável *Trinkwasser,* ~-de-colónia *Kölnisch Wasser*
aguaceiro *Regenschauer*
aguardente (a) *Schnaps*
aguentar *durchhalten*
águia *Adler*
ainda *noch,* - por cima *außerdem*
ajuda *Hilfe*
ajudar *helfen* 85
alameda *Allee*
alcachofra *Artischocke*
alcançar *erreichen*
álcool (o) *Alkohol*
aldeia *Dorf*
alegrar-se *sich freuen*
alegria *Freude*
além disso *außerdem*
alemã/alemão *Deutsche/r, deutsch* 21
Alemanha *Deutschland* 21
alentejano/a *Einwohner/in aus dem Alentejo*
Alentejo *Alentejo (Provinz)*
Alfa (o) *schnellster Zug Portugals*
alface (o) *Kopfsalat*
alfaiate (o) *Herrenschneider*

alfândega *Zoll*
Algarve (o) *Algarve (Provinz)*
algarvio/a *Einwohner/in aus dem Algarve*
algodão *Watte, Baumwolle*
alguém *jemand*
alguma coisa *irgend etwas* 57
alguns *einige*
alho *Knoblauch,* - francês *Lauch*
alimentação (a) *Nahrung, Ernährung*
alimentício/a *Nahrungs-*
alimento *Lebensmittel*
alma *Seele*
almoçar *zu Mittag essen* 61
almoço *Mittagessen*
almofada *Kissen*
alojamento *Unterkunft, Übernachtung*
alternar *abwechseln*
alto/a *1. hoch 2. laut*
altura *Höhe*
alugar *mieten*
aluguer (o) *Miete,* - de carros (o) *Autoverleih*
aluno/a *Schüler/in*
amanhã *morgen,* - à noite *morgen abend,* - de manhã *morgen früh*
amante (o/a) *Liebhaber/in*
amar *lieben*
amarelo/a *gelb*
amargo/a *bitter*
ambiente (o) *1. Stimmung 2. Umwelt*
ambulância *Krankenwagen*
ameaçar *bedrohen*
amêijoa *Herzmuschel*
ameixa *Pflaume*
amêndoa *Mandel*
amigo/a *Freund/in*
amizade (a) *Freundschaft*
amor (o), -de amor *Liebe, Liebes-*
análise de sangue (a) *Blutprobe*
ananás (o) *Ananas*

anca *Hüfte*
anda cá! *komm her!*
andar *1. gehen 2. fahren,* - de bicicleta *fahrradfahren,* - na vida *auf den Strich gehen*
andar (o) *Stockwerk* 81
andebol (o) *Handball*
anel (o) *Ring*
anestesia *Narkose*
animado/a *lebhaft*
animal (o) *Tier*
aniversário *Geburtstag*
ano *Jahr* 97
antemão (de -) *(im) voraus*
anteontem *vorgestern*
antes *1. früher 2. vorher,* - de *vor*
antiguidades (as) *Antiquariat*
anualmente *jährlich*
anunciar *ankündigen, bekanntgeben*
anúncio *Anzeige*
apagar *ausmachen, löschen*
apaixonado/a *Verliebter, verliebt*
aparelho *Apparat*
apartamento *Apartment, Wohnung*
apelido *Familienname, Nachname*
apêndice (o) *Blinddarm*
apendicite (a) *Blinddarmentzündung*
aperitivo *Appetizer, Vorspeise*
apetite (o) *Appetit,* bom - *guten Appetit*
aplicado/a *fleißig*
apoiar *unterstützen*
apostar *wetten*
aprender *lernen*
aprendiz (o) *Lehrling*
apresentar-se *sich jmd. vorstellen*
aproveitar *nutzen, ausnutzen*
aproximar-se *sich nähern*
aquecedor (o) *Heizung*

Wörterbuch

aquecer *wärmen*
aquela/aquele *jene/r*
aqui *hier* **37**
aquilo *das dort*
ar (o) *Luft,* ~-condiciona-
do *Klimaanlage*
árbitro *Schiedsrichter*
arca frigorífica
Tiefkühltruhe
areia *Sand*
argumento *Argument*
arma *Waffe*
armário *Schrank*
armazém (o) *Kaufhaus*
arranjar *1. besorgen*
2. reparieren
arrogante *arrogant*
arroz (o) *Reis* **61**, *- doce*
Milchreis
arrumador (o)
Platzanweiser
arrumar *aufräumen*
arte (a) *Kunst*
artigo *Artikel*
artista (o) *Künstler*
árvore (a) *1. Baum*
2. Autoachse
às quatro *um vier (Uhr)* **21**
às vezes *manchmal*
asa *Flügel*
asma *Asthma*
asneira *Dummheit*
aspecto *Aussehen*
aspirador (o) *Staubsauger*
assadeira *Bratpfanne*
assado/a *gebraten*
assalto *Überfall*
assar *braten*
assegurar *zusichern*
assento *Sitz*
assim *so*
assinar *unterschreiben*
assinatura *Unterschrift*
assistência social
Sozialhilfe
assumir *übernehmen*
assunto *Angelegenheit*
assustador/-a *schrecklich*
assustar *angst machen*
atacar *angreifen*
ataque (o) *Anfall, - car-
díaco Herzanfall, - de apo-
plexia Schlaganfall*

até *1. sogar 2. bis, -* à
vista *Wiedersehen,* - aman-
hã *bis morgen* **17**, - logo
bis später **17**
atenção (a) *Achtung*
atender *bedienen*
atento/a *aufmerksam*
aterro *Landung*
atirar *1. schießen*
2. werfen
atitude (a) *Haltung*
atmosfera *Atmosphäre*
atractivo/a *attraktiv,
anziehend*
atrás *hinter*
atrasado/a *verspätet,
zurückgeblieben*
atraso *Verspätung*
atravessar *überqueren*
atrevido/a *unverschämt*
atum (o) *Thunfisch*
aumentar *zunehmen*
auscultador (o)
Telefonhörer, Kopfhörer
Áustria *Österreich*
austríaco/a
*Österreicher/in, öster-
reichisch*
auto-estrada *Autobahn*
autocarro *Bus* **45**
automático/a *automa-
tisch*
autor (o) *Autor, Urheber*
avançar *vorwärtskommen*
avaria *Defekt, Panne*
avariado/a *kaputt*
aves (as) *Geflügel*
avião *Flugzeug* **41**
avó (a) *Großmutter*
azedo/a *sauer*
azeite (o) *Olivenöl*
azeitona *Olive*
azul *blau*

bacalhau (o) *Stockfisch*
bagaceira *Schnaps*
bagaço *Tresterschnaps*
bagagem (a) *Gepäck*
baía *Bucht*
bairro *Stadtviertel*

baixar *herabsetzen, her-
unterlassen, - as luzes
abblenden*
balcão *1. Balkon 2. Theke*
balde (o) *Eimer*
banana *Banane*
banco *Bank*
banda *Musikkapelle,
- desenhada Comic*
bandeira *Fahne*
banho *Bad* **37**
barato/a *billig*
barba *Bart*
barbear-se *sich rasieren*
barriga *Bauch*
barulho *Lärm*
batata *Kartoffel*
batatas fritas (as)
Pommes frites **61**
bater *schlagen*
bâton (o) *Lippenstift*
baunilha *Vanille*
bêbado/a *betrunken*
beber *trinken* **65, 101**
bebida *Getränk*
beco *Gasse, - sem saída
Sackgasse*
beijar *küssen*
Beira *Beira (Provinz)*
beirão/beirã
Einwohner/in von Beira
beleza *Schönheit*
belga (o/a) *Belgier/in,
belgisch*
Bélgica *Belgien*
bem *gut* **17**, *- disposto/a
gutgelaunt, - educado/a
wohlerzogen*
bem-vindo *willkommen*
beringela *Aubergine*
bexiga *Blase*
biblioteca *Bibliothek*
bica *Espresso*
bicha *Autoschlange*
bicharada *Ungeziefer*
bicicleta *Fahrrad*
bigode (o) *Schnurrbart*
bilhete (o) *Eintrittskarte,
Fahrkarte, - de identidade
Personalausweis* **37**
bilheteira
Fahrkartenschalter

biologia *Biologie*
blusa *Bluse* **81**
boa noite *guten Abend,
gute Nacht* **17**, **- tarde**
guten Tag **17**
boca *Mund*
bocadinho 1. *Weilchen*
2. *etwas* **77**
bocado 1. *Weile* 2. *Stück*
bola *Kugel, Ball*
bolacha *Keks, Plätzchen*
boleia *Mitfahrgelegen-
heit,* **ir à - per** *Anhalter
fahren*
bolo *Kuchen,
Biskuitteilchen,* **- gelado**
Eistorte
bolsa 1. *Stipendium*
2. *Börse*
bom *gut,* **- dia** *guten Tag* **17**
bomba 1. *Bombe*
2. *Pumpe*
bombeiros (os)
Feuerwehr
bondade (a) *Güte*
boné (o) *Mütze*
bonitinho/a *hübsch*
bonito/a *schön* **85**
boroa *Maisbrot* **77**
borracha *Gummi,
Radiergummi*
borrego *Lamm*
bota *Stiefel*
botão *Knopf*
braço *Arm*
branco/a *weiß*
Brasil (o) *Brasilien*
brasileiro/a *Brasilianer/in,
brasilianisch*
breve *kurz gesagt,* **em -**
bald
briga *Rauferei, Streit*
brinquedo *Spielzeug*
bronzeador (o) *Sonnenöl*
bronzear *braun werden*
brutal *brutal, derb, unge-
hobelt*
bule (o) *Teekanne*
buraco *Loch*
burocracia *Bürokratie*
burro/a *Esel/in*
buzina *Hupe*

C

cabana *Hütte*
cabeça *Kopf*
cabeleireiro/a *Friseur/in*
cabelo *Haar*
caber *hineinpassen*
cabine (a) *Kabine,* **- tele-
fónica** *Münzfernsprecher*
cabo *Kabel*
cabra *Ziege*
cabrito *Ziegenfleisch*
caça *Jagd*
caçar *jagen*
cacau (o) *Kakao*
cachecol (o) *Schal*
cada *jede/r,* **- dia** *jeden
Tag,* **- vez** *jedesmal*
cadeira 1. *Stuhl*
2. *Studienfach*
cadeirão *Sessel*
caderno *Heft*
café (o) *Kaffee, Espresso,
Café* **21**
cãimbra *Krampf*
cair *fallen* **101**
caixa *Kasse* **81**, *Sparkasse*
calar-se *schweigen*
calças (as) *Hose,* **- de
ganga** *Jeans* **81**
caldeirada *Fischragout*
caldo *Brühe,* **- verde** *pas-
sierte Kartoffelsuppe*
cálice (o) *Portweinglas*
calmante (o)
*Beruhigungsmittel, beruhi-
gend*
calor (o) *Hitze,* **faz -** *es ist
heiß*
cama *Bett*
cama de casal *Doppel-
bett* **37**
camada *Schicht*
câmara de vídeo
Videokamera, **- municipal**
Rathaus
camarada (o, a) *Kamerad*
camarões (os) *Krabben*
câmbio *Wechsel*
camião (o) *Lastwagen*
caminho *Weg*

caminhos de ferro (os)
Eisenbahn
camisa *Hemd*
camisola *Pullover,* **- interi-
or** *Unterhemd*
camomila *Kamille*
campainha *Türklingel*
campo de ténis
Tennisplatz
camponês (o) *Bauer*
canal (o) *Kanal (TV)*
canção (a) *Lied*
cancro *Krebs (med.)*
candeeiro *Lampe*
caneta *Füllfederhalter*
canhão *Kanone*
canja *Hühnerbrühe*
cansado/a *müde* **101**
cansativo/a *ermüdend*
cantar *singen*
canto *Ecke*
cão *Hund*
caos (o) *Chaos*
capacidade (a) *Fähigkeit*
capaz *fähig*
capela *Kapelle*
capital (a) *Hauptstadt*
capitalismo *Kapitalismus*
capitalista (o) *Kapitalist
kapitalistisch*
cara *Gesicht*
caracol (o) 1. *Locke*
2. *Schnecke*
carácter (o) *Charakter*
caraguejo *Krebs (zool.)*
caravana *Wohnwagen*
carne (a) *Fleisch* **61**,
- alentejana *Muschel-
Fleischeintopf,* **- picada**
Hackfleisch
caro/a *teuer* **81**
caroço *Kern*
carregar *(be)laden*
carreira académica *akade-
mische Laufbahn*
carro *Auto*
carruagem (a) *Waggon,*
~-cama *Schlafwagen,*
~-restaurante *Speisewagen*
cartão 1. *(Telefon)karte,*
2. *Karton,* **- de crédito**
Kreditkarte

carta *Brief* 85, - de con-
dução *Führerschein*
carteira *(Brief)tasche*
carteirista (o)
Taschendieb
carteiro *Briefträger*
carvão *Kohle*
casa *Haus*, - de banho
Toilette 81, em - *zu Hause*
casaco *1. Jacke* 81
2. Mantel
casado/a *verheiratet* 97
casal (o) *Ehepaar*
casamento *Hochzeit*
casar-se *heiraten*
caseiro/a *Haus, hausge-*
macht 65
caso *Fall, falls*
castanho/a *braun*
castigar *bestrafen*
catedral (a) *Kathedrale*
causa *Ursache*
causar *verursachen*
cautela *Vorsicht*
cavalo *Pferd*
cave (a) *(Wein)keller*
caverna *Höhle*
cebola *Zwiebel*
cedo *früh*
cego/a *blind*
cem *Hundert*
cemitério *Friedhof*
cenoura *Karotte*
centímetro *Zentimeter*
central (a) *Zentrale, zen-*
tral
centro *(Stadt)zentrum,*
- comercial *Einkaufs-*
cérebro *Gehirn*
cereja *Kirsche*
cerveja *Bier* 61
cesto *Korb*
céu (o) *Himmel*
chá (o) *Tee* 57
chamada interurbana
Ferngespräch
chamar *rufen*
chamar-se *heißen* 21
champô *Shampoo*
chão *Boden*
chapéu (o) *Hut*
charuto *Zigarre*
chatear-se *sich ärgern*

chave (a) *Schlüssel* 37
chávena *Tasse*
chefe (o) *Chef*
chega *genug* 77
chegada *Ankunft*
chegar *ausreichen, genü-*
gen, - a *ankommen in* 45
cheio/a *voll*
cheirar *riechen*
cheiro *Geruch*
cheque (o) *Scheck*
chiclete (a) *Kaugummi*
chinelo *Hausschuh*
chocolate (o) *Schokolade*
chouriço *Paprikawurst* 77
chover *regnen* 105
chuva *Regen*
chuveiro *Dusche*
ciclismo *Radsport*
cidadão *Bürger*
cidade (a) *Stadt*
cigarro *Zigarette*
cilindro *Zylinder*
cimbalino *Espresso*
cinco *fünf* 25
cinema (o) *Kino*
cinquenta *fünfzig*
cinto *Gürtel*, - de segu-
rança *Sicherheitsgurt*
cinzeiro *Aschenbecher*
cinzento/a *grau*
circuito *Rundfahrt*
círculo *Kreis*
circunstância *Umstand*
circunvalação (a) *Ring-*
straße
ciume (o) *Eifersucht*
civilização (a) *Zivilisation*
claro/a *1. hell 2. selbstver-*
ständlich 37
classe média (a)
Mittelstand
clavícula *Schlüsselbein*
cliente (o/a) *Kunde/in*
clima (o) *Klima*
clínica *Klinik*
cloaca *Kloake*
cobarde (o) *Feigling,*
feige
cobra *Schlange*
cobrar *kassieren*
coelho *Kaninchen*
cofre *Safe*

cogumelo *Pilz,*
Champignon
coincidência *Zufall*
coisa *Ding, Sache*
coitadinho *der arme*
Teufel
cola *Kleber*
colar *kleben*, - (o) *Kette*
colchão *Matratze*
colecção (a) *Sammlung*
coleccionar *sammeln*
colectivo *Kollektiv*
colega (o) *Kollege*
colete (o)
(Schwimm)weste
colheita *Ernte*
colher (a) *Löffel*
colina *Hügel*
collant (o) *Strumpfhose*
colocar *setzen/stellen/*
legen
colónia *Kolonie*
colorau (o) *Paprikapulver*
coluna *1. Rückgrat*
2. Säule
com *mit* 37, *bei*, - certeza
gewiß 37
combate (o) *Wettkampf*
comboio *Zug* 41, - regio-
nal *Nahverkehrszug*
começar *anfangen,*
beginnen
comédia *Komödie*
comentar *kommentieren*
comer *essen* 57, 101
comercial *kommerziell*
comércio *Handel*
comida *Essen*
comigo *mit mir*
como *wie* 21, - está? *wie*
geht's Ihnen? 17, - estás?
wie geht's dir? 17, - quiser
wie Sie wünschen, - se
chama? *wie heißen Sie?*
21, - te chamas? *wie heißt*
du?, - vai? *wie geht's?*
comparar *vergleichen*
compartimento *Abteil*
completamente *völlig*
completo/a *komplett, voll*
complicado/a *kompliziert*
compor-se de *sich zusam-*
mensetzen aus

Wörterbuch

comportamento
Verhalten
comportar-se *sich beneh-*
men
compositor (o) *Komponist*
comprar *kaufen*
compreender *verstehen*
comprido/a *lang*
comprimido *Tablette,*
- para dormir *Schlafmittel*
compromisso
Verabredung
computador (o)
Computer
comum *gemeinsam*
comunicação (a)
Benachrichtigung
comunidade (a)
Gemeinschaft
comunismo
Kommunismus
comunista (o)
Kommunist, kommuni-
stisch
concerto *Konzert*
concha *Muschel*
conclusão (a)
Schlußfolgerung
concordar *1. sich einigen*
2. übereinstimmen
concorrência *Konkurrenz*
concurso *Wettbewerb*
condição (a) *Bedingung*
condutor (o) *Fahrer*
conduzir *Auto fahren*
conferência *Konferenz,*
Vortrag
confessar *gestehen, zuge-*
stehen
confiança *Vertrauen*
confiar *(ver)trauen*
confirmar *bestätigen*
conflito *Konflikt*
confortável *bequem*
confundir *verwechseln*
congresso *Kongreß*
congro *Seeaal*
conhaque (o) *Kognak*
conhecer *1. kennen*
2. -lernen 97 3. erkennen
conhecimento *1. Bescheid*
2. Kenntnis 3. Wissen
conjunto *Ensemble*

conquista *Eroberung*
consciência *1. Bewußtsein*
2. Gewissen
conseguir *erlangen, es*
schaffen
conselho *Ratschlag*
consequência *Folge*
conserto *Reparatur*
conserva *Konserve*
conservador/-a *konservativ*
conservar *aufbewahren,*
konservieren
considerar *beachten,*
berücksichtigen
considerável *beträchtlich*
constantemente *ständig*
constipação (a) *Erkältung*
construir *bauen*
consulado *Konsulat*
consumir *verbrauchen*
consumo *Konsum,*
Verbrauch
conta *1. Konto 2. Rech-*
nung 65
contabilista (o)
Buchhalter
contacto *Kontakt*
contaminação (a)
Ansteckung
contar *1. zählen 2. erzäh-*
len, - com rechnen mit
contente *zufrieden*
conter *beinhalten, ent-*
halten
contigo *mit dir*
continente (o) *Kontinent*
continuamente *dauernd*
conto *1. Geschichte, Mär-*
chen 2. 1000 Escudos 85
contra *gegen*
contrabando *Schmuggel*
contrariar *widersprechen*
contrário *Gegenteil*
contrato *Vertrag*
controlar *kontrollieren*
controlo *Kontrolle*
convencer *überreden,*
überzeugen
convencido/a *überzeugt*
convento *Kloster*
conversa *Gespräch,*
Unterhaltung
conversar *sich unterhalten*

convidar *einladen*
convite (o) *Einladung*
cópia *Kopie*
copiar *1. abschreiben*
2. nachmachen
cor (a) *Farbe 85*
coração *Herz*
corado/a *rot (im Gesicht)*
corajoso/a *mutig*
corda *Leine*
corpo *Körper*
corredor (o) *Flur*
correia *Keilriemen*
correio *Post, - azul*
Eilbrief
correios (os) *Postamt*
corrente (a) *1. Strömung*
2. elektr. Strom
correspondência
Korrespondenz
corresponder *entspre-*
chen
corrida *Rennen*
corrigir *berichtigen*
cortar *schneiden*
corte (o) *Haarschnitt*
cortês *höflich*
cortina *Vorhang*
costa *Küste*
costas (as) *Rücken*
costela *Rippe*
costumar fazer *zu tun*
pflegen
costume (o) *Sitte*
costureira
Damenschneiderin
cotovelo *Ellbogen*
couro *Leder*
couve (a) *Kohl, - flor*
Blumenkohl
couvert (o) *Gedeck*
coxa *Schenkel*
cozido/a *1. gekocht 65*
2. Fleischeintopf
cozinha *Küche*
cozinhar *kochen*
cozinheiro/a *Koch/Köchin*
CP *portugiesische*
Eisenbahn
crânio *Schädel*
crédito *Kredit*
creme (o) *Creme*
crescer *wachsen*

crime (o) *Verbrechen*
crise (a) *Krise*
cristão *Christ*
crítica *Kritik*
criticar *kritisieren*
crítico/a *Kritiker, kritisch*
croissant (o) *Croissant* 57
crú/crua *roh*
crucificar *kreuzen*
cruz (a) *Kreuz*
Cruz Vermelha *Rotes Kreuz*
cruzamento *Kreuzung*
cruzeiro *Kreuzfahrt*
cu (o) *Arsch*
cueca *Unterhose*
cuidado *Vorsicht*
culpa *Schuld*
cultura *Kultur*
cume (o) *Gipfel*
cumprimentar *grüßen*
cumprimento *Gruß*
cumprir *erfüllen*
cunhado/a *Schwager/Schwägerin*
curso *1. Kurs 2. Studium*
curto/a *kurz*
curto-circuito *Kurzschluß*
curva *Bogen, Kurve*
custar *kosten*

D

dado *Würfel*
dançar *tanzen*
daqui a *in (zeitlich)* 41
dar *geben*, - baixa *krank schreiben*, - jeito *günstig*, ~-se bem com *gut miteinander auskommen*, - com *stoßen auf*
data *Datum*, - de nascimento *Geburtsdatum*, - marcada *Termin*
de *ab, mit, von* 21 45, -de ... a ... *von ... bis ...*
debaixo *unter*
debruçar-se *sich hinauslehnen*
decidir *beschließen, entscheiden*
decisão (a) *Entscheidung*

declarar *verzollen*
dedicar-se *sich widmen*
dedo *Finger*
defeito *Fehler*
defender *verteidigen*
defesa *Verteidigung*
deitar *sich hinlegen, schlafenlegen*, - fora *wegwerfen*
deixar *lassen*, - em paz *in Ruhe lassen*
delicado/a *zart*
delicioso/a *schmackhaft*
demais *zuviel* 101
demasiado *zuviel*
democracia *Demokratie*
dente (o) *Zahn*, - de alho *Knoblauchzehe*
dentista (o) *Zahnarzt*
dentro *innen*
depender *drauf ankommen* 61, - de *abhängen von*
depilar *enthaaren*
depois *danach, dann* 65, - de *nach*
depositar *einzahlen*, - a prazo *(Geld) festlegen*
depósito de bagagens *Gepäckaufbewahrung*
depressão (a) *Tief*
depressa *schnell* 41
deprimido/a *deprimiert*
derrota *Niederlage*
desapontamento *Enttäuschung*
descansar *ausruhen*
descanso *Rast*
descer *runtergehen, -steigen*
descobrir *entdecken*
descrever *beschreiben*
desculpa *Entschuldigung*
desculpar *entschuldigen*
desde *seit*
desejar *wünschen* 65
desemprego *Arbeitslosigkeit*
desenho *Zeichnung*
desenvolvimento *Entwicklung*
desigual *ungleich*
desilusão (a)

Enttäuschung
desmaiar *ohnmächtig werden*
desordem (a) *Unordnung*
despir-se *sich ausziehen*
desportista (o/a) *Sportler/in*
desporto *Sport*, - aquático *Wassersport*
destinatário/a *Empfänger/in*
destino *Schicksal*
destruir *zerstören*
desvio *Umleitung*
deter *zurückhalten*
determinação (a) *Bestimmung*
determinar *festsetzen*
Deus (o) *Gott*, graças a - *Gott sei Dank* 101, meu - *mein Gott* 77, por amor de - *um Gottes willen*
devagar *langsam*
dever *1. schulden 2. sollen*
devolver *zurückgeben*
Dezembro *Dezember*
dia (o) *Tag*, - livre *freier Tag*
diagnóstico *Diagnose*
diariamente *täglich*
diarreia *Durchfall*
dicionário *Wörterbuch*
dieta *Diät*, fazer - *Diät machen*
diferença *Unterschied*
diferente *anders, verschieden*
difícil *schwer, schwierig*
dificuldade (a) *Schwierigkeit*
diga *sagen Sie* 97, ~-me *sagen Sie mir*
digestão (a) *Verdauung*
dignidade (a) *Würde*
diminuído/a *vermindert*
diminuir *abnehmen, verringern*
Dinamarca *Dänemark*
dinheiro *Geld* 77, em - *in bar*
diploma *Zeugnis*
direcção (a) *1. Richtung*

2. Leitung
directo/a direkt 45
director (o/-a) Direktor/in
direito/a rechts 45, à
direita (nach) rechts
direito 1. Recht 2. gerade-
aus
dirigir-se sich hinwenden
disciplina Studienfach,
Schul-
discjockey (o) Diskjockey
disco Schallplatte, - rígido
Festplatte
discoteca Diskothek
discussão (a) Streit
discutir diskutieren, strei-
ten
dislocação (a) Verrenkung
disposição (a) Laune,
Stimmung
disquete (a) Diskette
distância Entfernung
distrair-se sich ablenken,
zerstreuen
distribuidor (o) Verteiler
distribuir austeilen
ditadura Diktatur
divertir-se sich vergnügen
dívida Schulden
dividir verteilen, dividie-
ren
divisa Devise
divorciar-se sich scheiden
lassen
divórcio Scheidung
diz-me sag mir
dizer sagen, - respeito a
sich beziehen auf
doce süß
doce (o) Marmelade,
Süßigkeit
documento Dokument,
Urkunde
documentos do carro
Wagenpapiere, - do segu-
ro Versicherungspapiere
doença Krankheit
doente krank 101
doer schmerzen
dói-me tut mir weh 101
domingo Sonntag
dona de casa Hausfrau 97
dono/a Besitzer/in 21

dor (a) Leid, Schmerz
dormida Übernachtung
dormir schlafen
dose (a) Portion 65
doutor (o/-a) Doktor/in 101
droga Droge
drogaria Drogerie
duche (o) Dusche
duplo/a doppelt
durante während, - o dia
während des Tages
duro/a hart
dúzia Dutzend

E

e und, nach ... Uhr 21
é preciso man muß
economia
Betriebswirtschaft
écran (o) Bildschirm
eczema (o) Ausschlag
edição (a) Druck
edifício Gebäude
educação (a) Erziehung
efeito Wirkung
egoísta (o) Egoist,
eigensüchtig
ela sie (Einzahl)
elas sie (Mehrzahl)
ele er
eléctrico/a 1. elektrisch
2. Straßenbahn 45
eleger wählen
eleição (a) (politische)
Wahl
elemento Teil
eles sie (Mehrzahl)
elevador (o) Aufzug 81
elevar-se sich erhöhen
em in, auf, - **baixo** unten,
- **cima** oben, - **jejum** nüch-
tern (med.), - **vão** um-
sonst
emagrecer abnehmen
(Gewicht)
embarcar einschiffen
embate (o)
Zusammenstoß
embora obwohl
embraiagem (a)
Kupplung

embrulhar einpacken
ementa Speisekarte 65
emigrante (o/a)
Emigrant/in
emissão (a) Sendung
emissor (o) Sender
empregado Angestellter
21, Kellner
emprego Arbeitsplatz
empresa Betrieb,
Unternehmen
empresário Unternehmer
emprestar leihen
empurrar drücken
encantado/a begeistert
encantar entzücken
enchido Wurst
encolher schrumpfen
encomenda 1. Auftrag,
Bestellung 2. Paket
encontrar 1. finden 81
2. treffen
encontrar-se com sich ver-
abreden mit
encontro Treffen,
Verabredung
endereço Adresse,
Anschrift
energia Energie
enfarte cardíaco (o)
Herzinfarkt
enfermeira/o
Krankenschwester/Kranken-
pfleger
enganar anlügen, täu-
schen
engano 1. Irrtum
2. Betrug, Täuschung
engarrafamento
Verkehrsstau
engenharia
Ingenieurwesen
engenheiro Ingenieur
engordar zunehmen
(Gewicht)
enguia Aal
enjoado/a seekrank
enorme enorm, riesig
então also 37
entender verstehen
entidade (a) Behörde
entrada 1. Eintritt,
Eingang 2. Vorspeise

entrar *einsteigen, eintreten*

entregar *aushändigen*

entretanto *inzwischen*

entrevista *Interview, Unterredung*

envelope (o) *Briefumschlag*

envenenamento *Vergiftung*

envergonhar *beschämen*

envergonhar-se *sich genieren*

enviar *senden (Post),* **- uma encomenda** *Paket aufgeben*

enxaqueca *Migräne*

episódio *Episode*

época *1. Epoche 2. Saison*

equipa *Mannschaft*

errado/a *falsch*

erro *Fehler*

erva *Gras*

ervilha *Erbse*

escada *1. Leiter 2. Treppe*

escaldão *Sonnenbrand*

escalope (o) *Schnitzel*

escandaloso/a *skandalös*

escape (o) *Auspuff*

escola *Schule,* **- particular** *Privatschule*

escolha *Auswahl*

escolher *aussuchen, auswählen*

esconder *verstecken*

escova *Bürste,* **- de dentes** *Zahnbürste*

escrever *schreiben* **105**

escritor (o) *Schriftsteller*

escritório *Büro*

escudo *Escudo* **37**

escultor (o) *Bildhauer*

escuro/a *dunkel*

escutar *(zu)hören*

escute *hören Sie*

esferográfica *Kugelschreiber*

esforço *Anstrengung*

espaço de tempo *Zeitraum*

Espanha *Spanien*

espanhol (o/-a) *Spanier/in*

espargo *Spargel*

especial *besonders, spezial*

especiaria *Gewürz*

espectáculo *Spektakel, Vorstellung*

espelho *Spiegel*

esperança *Hoffnung*

esperar *1.* warten **85** *2. hoffen* **105**

espere *warten Sie*

esperto/a *schlau*

espinha *Fischgräte*

espinho *Stachel*

esponja *Schwamm*

esposo/a *Gatte/Gattin*

esquadra de polícia *Polizeikommissariat*

esquecer-se de *vergessen*

esquerdo/a *links, à*

esquerda *(nach) links*

esqui (o) *Ski*

esquisito/a *seltsam, komisch*

esta/este *diese/r*

está bem *okay, gut* **37**

estabelecer contacto *Kontakt aufnehmen*

estação (a) *Bahnhof* **41**

estacionar *parken*

estádio *Stadion*

estado *1. Staat 2. Zustand,* **em - razoável** *in ordentlichem Zustand*

estado civil (o) *Familienstand*

Estados Unidos (os) *Vereinigte Staaten*

estante (a) *Regal*

estar *sein,* **- em casa** *zu Hause sein* **101,** **- farto** *Schnauze voll haben*

estátua *Statue*

estômago *Magen* **101**

estou *hallo (am Telefon)*

estrada *Landstraße*

estragado/a *kaputt*

estragar *beschädigen*

estrago *Schaden*

estrangeiro/a *Ausländer/in, ausländisch* **97**

estranho/a *fremd, seltsam*

estreito/a *eng*

estrela *Stern, Star*

Estremadura *Estremadura (Provinz)*

estudante (o/a) *Student/in* **21**

estudar *studieren, lernen*

estúdio *Studio*

esvaziar *leeren*

eu *ich*

eurocheque (o) *Eurocheck*

evacuação (a) *Stuhlgang*

exactamente aí *genau dort*

exacto *genau*

exagerado/a *übertrieben*

exame (o) *Prüfung*

excelente *ausgezeichnet*

excepção (a) *Ausnahme*

excesso (em) *im Überfluß*

excursão (a) *Ausflug, Exkursion*

exemplo *Beispiel, Vorbild*

exercer *praktizieren, ausüben, betreiben*

exército *Armee, Heer*

exigir *fordern, verlangen*

existência *Dasein*

existir *bestehen, existieren*

exótico/a *exotisch*

experiência *Erfahrung*

experimentar *1. versuchen, anprobieren* **85** *2. erleben*

explicação (a) *Erklärung*

explicar *erklären*

exposição (a) *Ausstellung*

expresso *Fernzug*

exterior *außen, äußerer*

extrair *herausziehen*

F

fã (o) *Fan*

fábrica *Fabrik*

faca *Messer*

faça-me o favor *tun Sie mir den Gefallen*

fachada *Fassade*

fácil *einfach, leicht* **41**

facilidade (a) *Leichtigkeit*

factor (o) *Faktor*

factura *Quittung*
faculdade (a) *Uni-Fakultät*
fado *1. Fado 2. Schicksal*
faixa *Fahrspur*
falar *reden, sprechen* **21**
falhar *scheitern*
falsificado/a *gefälscht*
faltar *fehlen*
fama *Ruhm*
família *Familie*
famoso/a *berühmt*
fantástico/a *phantastisch*
farinha *Mehl*
farmácia *Apotheke*
farol (o) *1. Leuchtturm
2. Scheinwerfer*
fatia *Brotscheibe*
fato *Anzug,* **- de banho**
Badeanzug **81**
favor (o) *Gefallen,
Gefälligkeit*
faz sete anos *er wird sieben Jahre* **97**
fazer *machen,* **- chantagem** *erpressen,* **-
comichão** *jucken,* **- compras** *einkaufen,* **- dieta**
Diät machen
febra *Schnitzel*
febre (a) *Fieber,* **- dos
fenos (a)** *Heuschnupfen,* **-
tifóide (a)** *Typhus*
fechado/a *geschlossen*
fechadura *Türschloß*
fechar *(ab)schließen*
fecho *Reißverschluß*
feijão *Bohne*
feio/a *häßlich*
feira *1. Wochenmarkt
2. Messe*
feito de *bestehen aus*
feliz *glücklich*
feminino/a *weiblich*
feriado *Feiertag*
férias (as) *Ferien, Urlaub,*
passar - *Ferien machen* **97**
ferida *Verletzung, Wunde*
ferido/a *verletzt*
ferir-se *sich verletzen*
ferramenta *Werkzeug*
ferrar *beißen*
ferro *Eisen*
festa *Fest*

festejar *feiern*
festival (o) *Festival*
Fevereiro *Februar*
fiambre (o) *gekochter
Schinken*
fica assim *stimmt so* **65**
ficar *1. bleiben 2. sein,
sich befinden* **41,** **- farto**
überdrüssig werden, **-
maluco** *verrückt werden*
ficção científica (a)
Science Fiction
ficha *Karteizettel*
ficheiro *Kartei*
fígado *Leber*
figo *Feige*
figura *Figur*
fila *Reihe*
filete (o) *Filetstück*
filha *Tochter* **97**
filho *Kind, Sohn* **97**
filial (a) *Filiale*
filme (o) *Film*
filme a cores *Farbfilm,*
- a preto e branco
Schwarzweißfilm
filtro *Filter*
fim (o) *Ende, Schluß,* **- de
semana** *Wochenende*
final *End-. . .*
finalizar *Ende bereiten*
finalmente *endlich*
fino *Bier vom Faß* **65**
fino/a *dünn, fein*
fio *Schnur*
firme *fest*
física *Physik*
físico *Physiker*
fita-cola *Klebeband*
fixe *klasse*
flash (o) *Blitzlicht*
flatulência *Blähung*
flauta *Flöte*
flor (a) *Blume*
floresta *Wald*
fofinho/a *niedlich, weich*
fogo *Feuer*
foguete (o) *Rakéte*
folha *Blatt*
folheto *Prospekt*
fome (a) *Hunger* **61**

fonte (a) *1. Quelle
2. Brunnen*
fora *1. außen, draußen
2. raus*
força *Kraft, Stärke*
forma *Gestalt, Form,* **- de
governo** *Regierungsform*
formação (a) *Ausbildung*
formar *bilden*
formato *Format*
fórmula *Formel*
formulário *Formular*
forno *Ofen*
forte *derb, stark*
fortuna *Reichtum,
Vermögen*
fósforo *Streichholz*
foto *Foto*
fraco/a *schwach*
França *Frankreich*
francês (o)/francesa
Franzose/Französin, französisch
franco francês *französischer Franc,* **- suiço**
Schweizer Franken
frango *Hähnchen* **61**
franquiar *frankieren*
frase (a) *Satz*
freio de alarme
Notbremse
frente (a) *Front,* **em -** *1. gegenüber 2. geradeaus* **41**
frequente *oft*
frequentemente *häufig*
fresco/a *1. frisch
2. gekühlt* **61**
frigorífico *Kühlschrank*
frio/a *kalt*
fronteira *Grenze*
fruta *Obst*
frutaria *Obsthandlung*
fruto *Frucht*
mariscos (os)
Meeresfrüchte
fugir *(ent)fliehen*
fumado/a *geräuchert*
fumador (o) *Raucher* **45**
fumar *rauchen*
função (a) *Funktion*
funcionar *funktionieren* **81**

Wörterbuch

funcionário público
Beamter, - **responsável**
zuständiger
Sachbearbeiter
fundo Grund
funeral (o) Begräbnis
furto Diebstahl
futebol (o) Fußball
futuro Zukunft

G

gabardine (a)
Regenmantel
gajo Kerl
galão Milchkaffee
galinha Henne, Huhn
galo Hahn
gamba Garnele
ganhar 1. gewinnen
2. zunehmen, - **dinheiro**
Geld verdienen
garagem (a) Garage
garantia Garantie
garantir garantieren
garfo Gabel
garganta Hals, Kehle
garrafa Flasche
garrafeira Weinhandlung
gás (o) 1. Kohlensäure 57
2. Gas
gasóleo Diesel
gasolina Benzin
gastar ausgeben
gastronomia
Gastronomie
gato Katze
gaveta Schublade
gelado Eis 65
generoso/a großzügig
gente (a) Leute
geral allgemein, **em** - im
allgemeinen
gerência Führung
gerente (o)
Geschäftsführer
ginásio Fitness-Center
ginástica Gymnastik
ginjinha Sauerkirschlikör
girassol (o) Sonnenblume
giro/a dufte
glândula Drüse

golo Fußballtor
gordo/a dick
gorjeta Trinkgeld
gostar de gefallen 85
gosto 1. Geschmack 2. es
gefällt mir
gota Tropfen
governo Regierung
graça Dank, **de** - kosten-
los, umsonst
grão de bico Kichererbse
grama (o) Gramm 77
gramática Grammatik
granizo Hagel
gravata Krawatte
grávida schwanger
gravidez (a)
Schwangerschaft
Grécia Griechenland
grego/a griechisch,
Grieche/Griechin
greve (a) Streik
gripe (a) Grippe
gritar schreien
grito Schrei
grosseiro/a ungehobelt
grupo Gruppe
guarda-chuva (o)
Regenschirm, ~-**redes (o)**
Torwart, ~-**sol (o)**
Sonnenschirm
guardanapo Serviette
guardar 1. behalten
2. bewachen
guerra Krieg
guia (o/a) Führer/in
guiar führen
guichet (o) Schalter
guisado Eintopf
guitarra portugiesische
(5saitige) Gitarre

H

há 1. es gibt 45 2. seit, vor
105, - **muito** vor langem, -
três semanas vor drei
Wochen
habitante (o/a)
Einwohner/in
hábito Gewohnheit

habitualmente gewöhn-
lich
habituar-se sich gewöhnen
hamburguer (o)
Hamburger
helicópter (o)
Hubschrauber
higiénico/a hygienisch
hipismo Reitsport
história Geschichte
hoje heute 45, - **à noite**
heute nacht, - **em dia** heut-
zutage 81
Holanda Holland
holandês (o)/holandesa
Holländer/in, holländisch
homem (o) 1. Mann
2. Mensch
honra Ehre
hora 1. Stunde 2. Uhrzeit,
a que horas? um wieviel
Uhr? 25, **a horas** rechtzei-
tig, **que horas são?** wieviel
Uhr ist es? 21, **são seis**
horas es ist sechs (Uhr) 21
horário Stundenplan,
Zeitplan, - **de consulta**
Sprechstunde
horrível gräßlich
horroroso/a schrecklich
hospedaria Gästehaus
hospital (o) Krankenhaus
hotel (o) Hotel
húmido/a feucht

I

ida e volta Hin- und
Rückfahrt 41
idade (a) Alter
ideal (o) Vorbild, ideal
ideia Idee
idiota (o) Idiot
ignorante unwissend
igreja Kirche
igual 1. egal 2. gleich
ilha Insel
ilusão (a) Illusion
imagem (a) Bild,
Erscheinung
imaginar sich etwas vor-
stellen

imediatamente *sofort*
imediato/a *unverzüglich*
imitar *nachahmen*
imobiliária *Maklerbüro*
impedir *hindern*
importância *Betrag, Summe*
importante *wichtig*
impossível *unmöglich*
imposto *Steuer*
imprensa *Presse*
impressão (a) *Eindruck*
impressionar *beeindrucken*
impresso *Drucksache*
impressora *Drucker (PC)*
imprimir *drucken*
inchado/a *geschwollen*
incidente (o) *Vorfall*
incluído/a *inbegriffen*
incomodar *stören* **97**
incrível *unglaublich*
independente *selbständig, unabhängig*
Índia *Indien*
indiano/a *Inder/in, indisch*
indicação (a) *Anweisung*
indicar *hinweisen, (an)zeigen*
indicativo *1. Vorwahl 2. Indikativ*
indiferente *gleichgültig*
indisposição (a) *Magenverstimmung*
indústria *Industrie*
infeliz *unglücklich*
inflação (a) *Inflation*
inflamação (a) *Entzündung*
influência *Einfluß*
informação (a) *Information*
informar *Bescheid sagen, informieren*
Inglaterra (a) *England*
inglês (o)/inglesa *Engländer/in, englisch*
início *Anfang, Beginn*
inimigo *Feind*
injecção (a) *Injektion, Spritze*
inscrever-se *sich einschreiben*

inscrição (a) *Einschreibung*
insecto *Insekt*
insegurança *Unsicherheit*
insónia *Schlaflosigkeit*
inspecção (a) *Kontrolle*
instalador (o) *Installateur*
instrução (a) *Anleitung*
instrumento *Instrument*
insuficiente *ungenügend*
insuportável *unerträglich*
inteligente *intelligent*
intenção (a) *Absicht*
intercidades (o) *IC*
interessar *interessieren*
interesse por (o) *Interesse an*
internacional *international*
intérprete (o/a) *Dolmetscher/in*
interregional (o) *D-Zug*
interruptor (o) *Lichtschalter*
intestino *Darm*
inveja *Neid*
invenção (a) *Erfindung*
inventar *erfinden*
inverno *Winter*
investir *investieren*
iogurte (o) *Joghurt*
ir *gehen,* **-** *de metro mit der U-Bahn fahren,* **-** *embora weggehen, -fahren*
Irlanda *Irland*
irlandês (o/a) *Ire/Irin, irisch*
irmã *Schwester*
ironia *Ironie*
irritar *wütend machen*
isqueiro *Feuerzeug*
isto *das, dies,* **-** *é das heißt*
Itália *Italien*
italiano/a *Italiener/in, italienisch*

J

já *1. schon 2. gleich* **61**
Janeiro *Januar*
janela *Fenster*
jantar *zu Abend essen* **65,** **-** *(o) Abendessen*

jardim (o) *Garten*
jarra *Krug*
jet-set (o) *Jet-set*
joalharia *Juweliergeschäft*
joelho *Knie*
jogar *spielen*
jogo *Spiel*
jóia *Juwel*
jornal (o) *Zeitung*
jornalista (o) *Journalist*
jovem (a/o) *Jugendlicher, jung*
judeu / judia *Jude/Jüdin, jüdisch*
juiz (o) *Richter*
juízo *Verstand,* **ter -** *vernünftig sein*
Julho *Juli*
Junho *Juni*
junto/a *1. zusammen 2. an*
jurar *schwören*
juventude (a) *Jugend*

L

lã *Wolle*
lá *dort(hin)*
lábio *Lippe*
laca *Haarspray*
lado *Seite,* **ao -** *neben, nebenan,* **em - nenhum** *nirgendwo, nirgends,* **por todo o -** *überall*
ladrão *Dieb*
lago *See (der)*
lagosta *Languste*
lágrima *Träne*
lamento *tut mir leid*
lâmpada *Glühbirne*
lampreia *Neunauge*
lápis (o) *Bleistift*
laranja *Orange* **77**
largar *loslassen*
largo/a *1. breit 2. weit*
largura *Breite*
lata *Dose*
lavandaria *Wäscherei*
lavar *waschen,* **- a louça** *spülen*
lavatório *Waschbecken*

laxativo *Abführmittel*
lebre (o) *Hase*
legumes (os) *Gemüse*
lei (a) *Gesetz*
leite (o) *Milch* 57, **- creme** *Milchpudding*, **- do dia** *Frischmilch*
lembrança *Erinnerung*
lembrar-se de *sich erinnern* 101
lenço *Taschentuch*
lençol (o) *Bettlaken*
lentilha *Linse (Gemüse)*
lento/a *langsam*
ler *lesen*
leste (o) *Osten*
letra *1. Buchstabe 2. Schrift*
levantar *aufheben*, **~-se** *aufstehen*
levar *1. führen 2. mitnehmen* 81 *3. (hin)bringen*
lhe *1. ihm 2. ihr (Einzahl)*
lhes *1. euch 2. Ihnen*
liberdade (a) *Freiheit*
licença *Erlaubnis*
ligação (a) *Verbindung*
ligado/a *verbunden*
ligar *1. binden 2. einschalten 3. anrufen 4. verbinden (med.)*, **- com** *verbinden mit (Telefon)*
limão *Zitrone*
lima *Nagelfeile*
limitado/a *begrenzt, beschränkt*
limitar *beschränken*
limite de velocidade (o) *Geschwindigkeitsbegrenzung*
limpar *saubermachen*
limpeza *Reinigung*
língua *1. Sprache 2. Zunge*
linguado *Seezunge*
linha *Gleis* 41
líquido/a *flüssig, Flüssigkeit*
Lisboa *Lissabon* 21
lisboeta (o/a) *Einwohnerin aus Lissabon*
lista de preços *Preisliste*, **- telefónica** *Telefonbuch*

literatura *Literatur*
litro *Liter*
livraria *Buchhandlung*
livre *frei*
livro *Buch*, **- de reclamação** *Beschwerdebuch*
lixo *Abfall, Müll*
local de nascimento (o) *Geburtsort*
loiro/a *blond*
loja *Geschäft*
longe *weit* 41
louco/a *verrückt, Verrückter*
loucura *Verrücktheit*
lua *Mond*
lugar (o) *Ort, Platz*, **- de estacionamento** *Parkplatz*, **ter -** *Platz haben*
lugares (os) *Plätze*
lula *Kalmar*
luta *Kampf*
lutar *kämpfen*
luva *Handschuh*
luz (a) *1. Licht 2. Lampe*

M

mãe (a) *Mutter*
mãezinha *Mutti*
mão (a) *Hand*
maçã *Apfel*
macaco *Affe*
maço *Schachtel (Zigaretten)*
madeira *Holz*
mafia *Mafia*
magro/a *dünn, mager*
Maio *Mai* 97
maior *größer*
maior parte (a) *Großteil*
maioria *Mehrheit*
mais *mehr*, **- de (trinta)** *über (dreißig)*, **- do que** *mehr als*
mais tarde *später*
mais um *noch ein* 61
mal disposto/a *1.schlechtgelaunt 2. übel (körperlich)*
mala *1. Koffer 2. Kofferraum 3. Tasche*
malária *Malaria*

maldito/a *verdammt*
malhar *verdreschen*
mamã *Mama*
mandar *1. schicken 2. lassen*
maneira *Art und Weise*, **de - nenhuma** *überhaupt nicht*, **de - que** *so daß*, **de qualquer -** *jedenfalls*
manequim (o/a) *Mannequin*
manga *Ärmel*
manhã *Morgen*, **ao fim da -** *am späten Morgen*, **de - morgens*, **da - cedo** *morgens, früh* 45
manifestação (a) *Demonstration, Kundgebung*
manteiga *Butter*
manter *bewahren, erhalten*
mapa (o) *Straßenkarte*
mapa da cidade *Stadtplan*
máquina *Maschine*, **- de barbear** *Rasierapparat*, **- de fazer café** *Kaffeemaschine*, **- de jogos** *Spielautomat*, **- de lavar roupa** *Waschmaschine*, **- fotográfica** *Fotoapparat*
mar (o) *Meer, See (die)*
Mar Mediterrâneo *Mittelmeer*
maravilha *Wunder* 105
marca *Marke*
marco *1. Briefkasten 2. Mark*
Março *März*
margem (a) *1. Ufer 2. Rand*
marido *Ehemann* 81
marinheiro *Matrose*
marmelada *Quittenmus*
Marrocos *Marokko*
martelo *Hammer*
mas *aber* 77
masculino/a *männlich*
massa *1. Masse 2. Nudeln 3. Teig 4. Kohle (Geld)*
massagem (a) *Massage*
massagista (o) *Masseur*
matar *umbringen*

matemática *Mathematik*
matemático *Mathematiker*
mau *schlecht, schlimm*
maxila *Kiefer*
mecânico *Mechaniker*
mecanismo *Getriebe*
mediação *Vermittlung*
medicina *Medizin*
médico/a *Arzt/Ärztin*
medida *Größe*
medir *messen*
medo *Angst*
meia *1. halb 21 2. Strumpf,* - de leite (a) *Milchkaffee,* ~-noite (a) *Mitternacht*
meigo/a *zärtlich, sanft*
meio/a *1. halb 2. Mittel,* - de transporte *Transportmittel,* ~-dia (o) *Mittag*
meio-seco *halbtrocken*
melão *Melone*
melga *Stechmücke*
melhor *besser* 45
melhorar *besser werden, sich verbessern* 105
membro *Mitglied*
memória *Gedächtnis*
menina *Fräulein*
menor (o) *Minderjähriger*
menos *1. vor. . . Uhr* 21 *2. weniger,* mais ou - *1. es geht so 2. mehr od. weniger* 17, pelo - *wenigstens*
mensageiro *Bote*
mensagem (a) *Botschaft*
mensal *monatlich*
menstruação (a) *Menstruation*
mentira *Lüge*
mentir *lügen*
menu (o) *Menü*
mercado *Markt*
mercearia *Gemüseladen*
merda *Scheiße*
merecer *verdienen (Lob)*
merenda *Vesper*
mergulhar *tauchen*
mês (o) *Monat*
mesa *Tisch*

mesmo/a *1. gleich 2. gerade* 45
mesquita *Moschee*
mestre (o) *Meister*
meta *Ziel*
metade (a) *Hälfte*
metro *1. Meter 2. U-Bahn*
meu/minha *mein/e*
mexer *bewegen*
mexilhão *Miesmuschel*
mijar *pinkeln*
mil *Tausend*
militar (o) *Soldat, militärisch*
mim *mir*
mineiro *Bergmann*
Minho *Minho (Provinz)*
minhoto/a *Einwohner/in von Minho*
mínimo *Minimum*
minuto *Minute*
miséria *Elend*
missa *religiöse Messe*
misto/a *gemischt* 65
mistura *Mischung*
moda *Mode,* na - *in Mode*
modelo *Vorbild*
modo *Art,* de qualquer - *auf alle Fälle*
moeda *Münze*
mole *weich*
molhar *naß machen*
molhar-se *naß werden*
molhe (o) *Mole*
molho *Sauce*
momento *Moment* 37
monstro *Monster*
montanhismo *Bergsteigen*
monte (o) *1. Haufen 2. Berg*
montra *Schaufenster* 85
monumento *Sehenswürdigkeit*
morango *Erdbeere*
moreno/a *braun*
morno/a *lau, warm*
morrer *sterben*
morte (a) *Tod*
morto/a *tot*
mosca *Fliege*
mostarda *Senf*
mostrar *zeigen*

mota *Motorrad*
motor (o) *Motor*
móveis (os) *Möbel*
mudança de óleo *Ölwechsel*
muito *sehr, viel*
muito bem *sehr gut*
muito prazer *angenehm* 21
mulher (a) *(Ehe-)Frau* 97
multi *Multi*
mundo *Welt*
muro *Mauer*
músculo *Muskel*
música *Musik*

N

não *nein, nicht,* - faço ideia *keine Ahnung,* - faz mal *macht nichts* 77, - interessa *ist nicht wichtig*
nacionalidade (a) *Staatsangehörigkeit*
nada *nichts* 41, - mais *nichts sonst,* mais - *sonst noch was* 61, de - *nichts zu danken, keine Ursache* 41
nadar *schwimmen*
namorado/a *der Freund/die Freundin*
nariz (o) *Nase*
narração (a) *Erzählung*
nascer *geboren werden*
nascimento *Geburt*
nata *Sahne*
natação (a) *Schwimmen*
Natal (o) *Weihnachten*
natural *1. ungekühlt* 61 *2. natürlich*
natureza *Natur*
náusea *Übelkeit*
navio *Schiff*
necessário/a *notwendig*
negociar *handeln*
negócio *Geschäft, Handel*
nem . . . nem *weder . . noch . . .*
nem pensar *keine Rede*
nenhum/a *kein/e*
nervo *Nerv*
nervoso/a *nervös*
neve (a) *Schnee*
nevoeiro *Nebel*

ninguém *niemand*
nível (o) *1. Niveau*
2. Spiegel (Wasser)
nó *Knoten*
no entanto *dennoch*
no mínimo *wenigstens*
noite (a) *1. Nacht* **37**
2. Abend, de - *1. nachts*
2. abends
nojo *Ekel*
nome (o) *Name* **21**,
- próprio *Vorname*
nomear *benennen*
nórdico/a *nordisch*
normal *normal*
normalmente *normalerweise*
norte (o) *Norden*
norte-americano/a *US-Amerikaner/in, US-amerikanisch*
Noruega *Norwegen*
nos *uns*
nós *wir*
nosso/a *unser/e* **105**
nota *Geldschein*
notário *Notar*
notícia *Nachricht*
Novembro *November*
novo/a *1. neu 2. jung*
noz (a) *Nuß, Walnuß*
nú/nua *nackt*
nublado/a *bewölkt*
nuclear *nuklear, Kern-, Atom...*
número *Nummer* **21**
nunca *nie,* - na vida *nie im Leben*
nuvem (a) *Wolke*

o *der*
obedecer *gehorchen*
objectivo *Ziel*
obra *1. Werk 2. Bau*
obras (as) *Baustelle*
obrigado/a *danke* **17**,
muito - *danke sehr* **17**
obrigar *verpflichten, zwingen*

obrigatório/a *obligatorisch*
observar *ansehen*
oculista (o) *Optiker*
óculos (os) *Brille,* - de sol *Sonnenbrille*
ocupado/a *beschäftigt*
ocupar *besetzen,* ~-se de *sorgen für*
oeste (o) *Westen*
oferecer *1. anbieten*
2. schenken
oferta *1. Angebot*
2. Geschenk
oficial *öffentlich, offiziell*
oficina *(Reparatur)werkstatt*
olá *hallo* **17**
óleo *Öl*
olhar *schauen,* - (o) *Blick*
ombro *Schulter*
omolete (a) *Omelette*
onde *wo* **21**, - for *wo auch immer*
ontem *gestern* **77**, - à noite *gestern abend*
ópera *Oper*
operação (a) *Operation*
operário *Arbeiter*
opereta *Operette*
oportunidade (a) *Gelegenheit*
oposição (a) *Opposition*
óptimo/a *blendend, bestens* **17**
ora ... ora *einerseits ... andererseits*
orçamento *1. Etat*
2. Kostenvoranschlag
ordem (a) *1. Anordnung, Befehl 2. Ordnung*
ordenado *Gehalt, Lohn*
orelha *Ohr*
organização (a) *Organisation, Veranstaltung*
organizar *organisieren, veranstalten*
oriental (o) *Orientale, orientalisch*
original (o) *Original, originell*
orquestra *Orchester*

orvelha *Schaf*
osso *Knochen*
ou *oder*
ou ... ou *entweder ... oder*
ouro *Gold*
ousar *sich wagen*
outono *Herbst*
outra vez *wieder*
outra/o *andere/r*
Outubro *Oktober*
ouve *hören Sie*
ouvido *Gehör*
ouvinte (o) *Zuhörer*
ovo *Ei,* - bem cozido *hartgekochtes Ei,* - estrelado *Spiegelei*
oxalá *hoffentlich*

pães (os) *Brötchen (die)***77**
pão *Brot* **77**, - integral *Vollkornbrot*
paciência *Geduld*
padaria *Bäckerei*
padeiro *Bäcker*
padre (o) *Pfarrer*
pagamento *Zahlung*
pagar *(be)zahlen* **57**
página *Seite,* primeira - *Titelblatt*
páginas amarelas (as) *gelbe Seiten*
pai (o) *Vater*
painel (o) *schwarzes Brett*
país (o) *Land* **97**
pais (os) *Eltern*
paisagem (a) *Landschaft*
paixão (a) *Leidenschaft, Passion*
paizinho *Vati*
palácio *Palast*
palavrão (o) *Schimpfwort*
palavra *Wort*
palco *Bühne*
palestra *Vortrag*
papá *Papa*
papel (o) *Papier,* - higiénico (o) *Klopapier*
papelaria *Schreibwarenladen*

Wörterbuch

para *1. für* **37** *2. um zu*
3. zu, nach **41**, - **quê** *wozu,*
- **onde** *wohin*
parabéns (os)
Glückwünsche
parafuso *Schraube*
paragem (a) *Haltestelle* **45**
paraíso *Paradies*
paralisação (a) *Lähmung*
pára *halten Sie*
parar em *anhalten in* **45**
parece *es scheint*
parecer *scheinen*
parede (a) *Wand*
parque (o) *Park,* - de cam-
pismo *Campingplatz*
parte (a) *Teil*
participação (a)
Teilnahme
partida *1. Abfahrt 2. Ab-*
flug
partido *Partei*
partido/a *zer-/gebrochen*
101
partir *1. abfliegen 2. ab-*
fahren **41** *3. zerbrechen*
parvo/a *dumm*
passagem (a) *Durchfahrt,*
de - *im Vorübergehen*
passaporte (o) *Paß*
passar *durchgehen,* - a
ferro *bügeln,* - a noite
übernachten, - férias
Ferien machen **97**
o que se passa? *was ist*
los? **101**, o que se passou?
was ist passiert? **101**
pássaro *Vogel*
passeio *1. Bürgersteig*
2. Spaziergang 3. Spazier-
fahrt
passo *Schritt*
pasta dos dentes
Zahnpasta
pastel (o) *Pastete*
pastelaria *Konditorei*
pasteleiro *Konditor*
paterno/a *Vater-*
patético/a *pathetisch*
pátria *Heimat(land)*
paz (a) *Friede*
pé (o) *Fuß* **41**, a pé *zu*
Fuß **41**

peão *Fußgänger*
pedaço *Stück*
pedir *bitten*
pegar *greifen*
peito *Brust*
peixaria *Fischgeschäft*
peixe (o) *Fisch* **61**
pele (a) *Haut* **77**
pena *1. Feder 2. Strafe*
3. Kummer
que pena! *wie schade!* **77**
península *Halbinsel*
pensão (a) *Pension*
pensamento *Gedanke*
pensar *denken, meinen*
penso higiénico
Damenbinde, - rápido
Pflaster
pente (o) *Kamm*
penteado/a *Frisur*
pentear *kämmen*
pepino *Gurke*
pequeno/a *klein* **85**, -
almoço *Frühstück* **57**
pêra *Birne*
perante *vor, angesichts*
perceber *verstehen* **97**
perda *Verlust*
perder *verlieren,* - os
sentidos *Bewußtsein ver-*
lieren
perdido/a *verloren*
perfeito/a *perfekt*
perfume (o) *Parfüm*
pergunta *Frage*
perguntar *fragen* **97**
periferia *Randzone*
perigo *Gefahr*
perigoso/a *gefährlich*
permanente (a) *1. Dauer-*
welle 2. dauernd
permitir *erlauben, gestat-*
ten
perna *Bein* **101**
perspectiva *Perspektive*
pertencer *gehören*
perto/a *nah* **41**, - de
nahebei
peruca *Perücke*
pesado/a *schwer*
pesar *wiegen*
pesca *Fischen*
pescada *Seehecht*

pescar *angeln, fischen*
pescaria *Fischerei*
pescoço *Hals*
peso *Gewicht*
pêssego *Pfirsich* **77**
pessoa *Person* **37**
pessoal (o) *Belegschaft,*
Personal
pessoalmente *persönlich*
petisco *Petisco (herzhaf-*
tes Häppchen) **61**
peúga *Socke* **81**
piada *Scherz*
piano *Klavier*
picante *pikant, scharf*
picar *stechen*
pico *Dorn*
pilha *Batterie*
piloto *Pilot*
pílula *Antibabypille*
pimenta *Pfeffer*
pimento *Paprika*
pinguim (o) *Pinguin*
pintar *malen*
pintor (o) *Maler*
pior *schlimmer*
piroso/a *kitschig*
pisar *betreten*
piscina *Schwimmbad*
piso *Bahnsteig*
pistola *Pistole*
placard (o) *schwarzes*
Brett
planear *planen*
planície (a) *Ebene*
plano *Plan*
planta *Pflanze,* - da cida-
de *Stadtplan*
plural (o) *Plural*
pó *Staub*
pobre *arm*
pobreza *Armut*
pode ser *kann sein* **77**
poder *1. können 2. dür-*
fen, - (o) *Macht*
poderoso/a *mächtig*
poesia *Dichtung*
poeta (o) *Dichter*
polícia *Polizei*
política *Politik*
político/a *Politiker/in,*
politisch
polvo *Tintenfisch* **65**

pomada *Salbe*
pomba *Taube*
ponte (a) *Brücke*
ponto *Punkt,* - **de vista**
Gesichtspunkt, **em** - *Punkt*
. . . *Uhr* 21
popular *populär*
pôr *setzen/stellen/legen,*
- **a mesa** *Tisch decken,* -
fora *rausschmeißen*
por *durch, von, pro,* -
aqui *hier irgendwo,* - **baixo**
hinunter, - **cento (o)**
Prozent, - **favor** *bitte* 21, -
isso *deswegen*
porco *Schwein*
porém *außer*
porque *weil, warum?* 97
porquê? *warum?* 97
porta *Tür*
portagem (a) *Mautstelle*
porteiro *Hausmeister*
porto *Hafen*
Porto *Porto*
portuense (o) *Portoenser*
Portugal *Portugal*
português (o)/portuguesa
*Portugiese/in, portugie-
sisch* 21
posição (a) *Position,
Stellung*
possível *möglich,* **como**
é -? *wie ist das möglich?*
possuir *haben*
postal (o) *Postkarte* 85
posto de gasolina
Tankstelle
pouco *wenig,* **um -** *etwas*
45, **aos poucos** *nach und
nach*
poupar *sparen*
praça *Platz,* - **de touros**
Stierkampfarena
praia *Strand*
prancha *Surfbrett*
prata *Silber*
praticar *1. praktizieren,
treiben 2. üben*
prato *1. Gang (beim
Essen) 2. Gericht 3. Teller,* -
do dia *Tagesgericht* 61, -
principal *Hauptgang*
precedente *vorhergehend*

precisar de *brauchen* 85
preciso/a *nötig*
preço *Preis*
prédio *Wohnhaus*
preferir *vorziehen*
prego *1. Nagel 2. Steak*
preguiçoso/a *faul*
prender *1. fesseln 2. ver-
haften*
preocupação (a) *Sorge*
preocupar-se *Sorgen
machen* 101, *sich sorgen*
preparação (a)
Vorbereitung
preparado/a *vorbereitet*
preparar *1. anmachen
(Salat etc.) 2. fertig-
machen*
presença *Anwesenheit*
presente *gegenwärtig,*
- **(o)** *1. Gegenwart 2.
Geschenk*
preservativo *Präservativ*
presidente da Câmara (o)
Bürgermeister
pressão (a) *Luftdruck,* -
arterial *Blutdruck*
pressa *Eile,* **ter - es** *eilig
haben* 85
presunto *Schinken* 77
pretender *sich vorneh-
men*
preto/a *schwarz* 85
primavera *Frühling*
primeira vez *erste Mal* 105
primeiro/a *erster/erste* 45,
zuerst, **-o prémio**
Haupttreffer
principalmente
hauptsächlich
príncipe (o) *Prinz*
principiante (o/a)
Anfänger/in
princípio *Anfang,* **ao - am**
Anfang
prioridade (a) *Vorrecht,
Vorrang,* **dar -** *Vorfahrt las-
sen*
prisão (a) *Gefängnis,* - **de
ventre** *Verstopfung*
problema (o) *Problem,*
não há - *kein Problem*

procura *1. Nachfrage
2. Suche*
procurar *suchen* 81
produção (a) *Produktion*
produto *Erzeugnis,
Produkt*
produzir *produzieren*
professor (o/-a) *Lehrer/in*
21, - **universitário**
Universitätsprofessor
profissão (a) *Beruf*
profissional (o) *Profi, pro-
fessionell*
profundo/a *tief*
progredir *fortschreiten*
progresso *Fortschritt*
proibido/a *verboten*
proibir *verbieten*
prometer *versprechen*
pronto/a *fertig,* - **a bereit
zu,** - **a vestir** *von der
Stange*
propaganda *Propaganda,
Werbung*
propósito *Absicht,* **de -**
absichtlich, **a -** *übrigens*
propriedade (a) *Eigentum*
proprietário *Eigentümer*
próprio/a *eigen, selbst*
prostituição (a)
Prostitution
prostituta *Prostituierte*
protector solar (o)
Sonnenmilch
proteger *schützen*
protestante (o) *Protestant*
protestar *protestieren*
prova *Beweis*
provar *probieren* 77
província *Provinz*
provocar *provozieren*
próximo/a *nächste*
psicologia *Psychologie*
psicólogo *Psychologe*
psiquiatra (o) *Psychiater*
publicidade (a) *Werbung,
Reklame*
pudim flan (o)
Karamelpudding
pus (o) *Eiter*
puta *Hure*
puxar *ziehen*

Wörterbuch

Q

quadro 1. Bild, Gemälde
2. Tafel
qual welche/r
qualidade (a) Qualität,
Güte
qualquer um/a 1. irgend-
ein/e 2. jeder/jede
quando 1. wann 45 2.
wenn 3. als
quantas pessoas? wie
viele Personen? 37
quantidade (a) Menge
quanto wieviel, - custa?
wieviel kostet? 37
quarenta vierzig
quarta-feira Mittwoch
quarto 1. Viertel 21
2. (Schlaf)zimmer 37, - de
banho Toilette, - de hora
Viertelstunde, - individual
Einzelzimmer
quase beinahe, fast
que 1. was 2. daß, - chati-
ce so ein Mist 81, - tem?
was haben Sie?, - vai ser?
was darf's sein?
quê? was? 57
quebra Bruch
queijo Käse 57
queimado/a angebrannt
queimadura Verbrennung
queimar verbrennen
queixa Beschwerde,
Klage
queixar-se sich beklagen
quem wer, wen, - é? wer
ist es?, - está a seguir? wer
ist dran?
quente heiß, warm
querer wollen, verlangen
queria möchten 37
questão (a) Frage
quilo Kilo 77
quilómetro Kilometer
química Chemie
quinhentos fünfhundert
quinta Gutshof
quinta-feira Donnerstag
quintal (o) Hof
quinto/a fünfte/r

R

rabo Schwanz
raça Rasse
rádio Radio, - portátil
Kofferradio
radioactivo/a radioaktiv
radiografia Röntgenbild
raia Rochen
rainha Königin
raio Strahl
raios me partam ver-
dammt und zugenäht
ralado/a gerieben
ramo Ast, Zweig
rápido/a 1. schnell
2. Schnellzug 45
raposa Fuchs
raptar entführen
raquete (a)
Tennisschläger
rato Maus
razão (a) Grund,
ter - recht haben 85
real real
realidade (a) Realität,
Wirklichkeit
realizador (o) Regisseur
realmente wirklich
rebocar abschleppen
recear fürchten
receber erhalten
receita Rezept
receitar verschreiben
recepção (a) Rezeption
recheado/a gefüllt
recheio Füllung
recibo Kassenzettel
reclamação (a)
Beanstandung,
Reklamation
reclamar beanstanden,
reklamieren
recomendar empfehlen
reconhecer 1. erkennen
2. anerkennen
recordação (a) Andenken
rede (a) Netz
redução (a) Ermäßigung
reduzido/a herabgesetzt
reforma Reform
reformado Rentner

refrigerante (o)
Limonade,
Erfrischungsgetränk
região (a) Gegend,
Region
régie (a) Regie
regime (o) Regime
registo 1. Anmeldung
2. Einschreiben
regresso Rückreise
regularmente regelmäßig
rei (o) König
relação (a) Verhältnis
relâmpago Blitz
religião (a) Religion
relógio Uhr
remetente (o) Absender
rendimento 1. Einkünfte
2. Gewinn
reparação (a) Reparatur
repartição (a) Amt
repente, de - plötzlich
repetir wiederholen
reportagem (a)
Reportage
república Republik
**República Federal de
Alemanha (RFA)**
Bundesrepublik
Deutschland
reputação (a) Ruf
rés-do-chão (o)
Erdgeschoß 81
reserva de lugar
Platzreservierung
reservar reservieren
respeito Respekt
respirar atmen
**respondedor automático
(o)** Anrufbeantworter
responder antworten
responsável (o)
Verantwortlicher, verant-
wortlich
resposta Antwort
resto Rest
resultado Ergebnis,
Resultat
retrete (a) Toilette
reumatismo Rheuma
reunião (a) Versammlung,
Besprechung
revisor (o) Kontrolleur

revista *Zeitschrift*
revolução (a) *Revolution*
rico/a *reich*
ridículo/a *lächerlich*
rim (o) *Niere*
rio *Fluß*
riqueza *Reichtum*
rir-se *lachen*
robalo *Wolfsbarsch*
robe (o) *Morgenmantel*
rocha *Felsen*
roda *Rad*
rodela *Scheibe*
rodovalho *Seebutt*
romance (o) *Roman*
rosé (o) *Rosé*
rosto *Gesicht*
rota *Route*
roubar *stehlen*
roubo *Raub*
rouco/a *heiser*
roupa *Kleidung*
rua *1. Straße 2. raus!*
Rússia *Rußland*
russo/a *Russe/Russin, russisch*

S

sábado *Samstag*
saber *1. wissen 41 2. können*
sabonete (o) *Seife*
sabor (o) *Geschmack*
saborear *genießen*
saboroso/a *schmackhaft*
saca-rolhas (o) *Korkenzieher*
saco *Tüte, Tasche*
saia *Rock*, mini~ *Minirock*
saída *1. Ausfahrt 2. Ausgang*, - de emergência *Notausgang*
sair *1. ausgehen 2. aussteigen*
sal (o) *Salz*
salão de chá (o) *Café*
sala *Raum*, - de espera *Wartesaal*, - de estar *Wohnzimmer*, - de jantar *Speisesaal*

salada *Salat 65*, - de fruta *Obstsalat*
salmão *Lachs*
salsa *Petersilie*
salsicha *Würstchen*
saltar *springen*
salva-vidas (o) *Rettungsring*
salvar *retten*
sande (a) *belegtes Brötchen 61*
sangrar *bluten*
sangue (o) *Blut*
sapataria *Schuhgeschäft*
sapateiro *Schuhmacher*
sapato *Schuh 85*
sarampo *Masern*
sardinha *Sardine*
satisfatório/a *zufriedenstellend*
satisfazer *befriedigen, zufriedenstellen*
saudável *gesund*
saúde (a) *Gesundheit 81*
se *wenn, ob, se não . . . wenn nicht . . .*
sé (a) *Kathedrale*
secador (o) *Fön*
secar *trocknen*
secção de senhoras (a) *Damenabteilung*
seco/a *trocken*
secreto/a *geheim*
século *Jahrhundert*
seda *Seide*
seguinte *folgend*
seguir *folgen*
segunda-feira *Montag*
segundo/a *1. gemäß 2. zweiter 45*
segurança *Sicherheit*, - social *soziale Versicherung*
segurar *1. festhalten 2. festmachen*
seguro/a *sicher*
seguro *Versicherung*, - contra todos os riscos *Vollkaskoversicherung*
self-service (o) *Selbstbedienung*
selo *Briefmarke 85*

sem *ohne 57*, - cafeína *koffeinfrei*, - chumbo *bleifrei*, - gosto *geschmacklos*
semáforo *Ampel*
semana *Woche 105*, por - *pro Woche*
Semana Santa *Karwoche*
sempre *immer*, - em frente *immer geradeaus 41*
senhor (o) *Herr 21*
senhora *Dame 21*
sensação (a) *Empfindung*
sentar-se *sich setzen*
sentido *Sinn*, - único *Einbahnstraße*, faz - *sinnvoll*
sentimento *Gefühl*
sentir *fühlen*, ~-se mal *übel werden*
ser *sein 21*, - importante *wichtig sein*
série (a) *Reihe*
seringa *Spritze*
sério/a *ernsthaft*
serra *Gebirge*
serralheiro *Schlosser*
serviço *Dienst*, - de avarias *Pannenhilfe*
servir *bedienen, servieren*
sesta *Mittagsschläfchen*
setecentos *siebenhundert*
Setembro *September*
seu *sein, ihr, Ihr*
sexo *Geschlecht*
sexta-feira *Freitag*, - dia treze *Freitag der 13.*
sexto/a *sechste/r*
sida *Aids*
sido *gewesen*
significação (a) *Bedeutung*
significar *bedeuten*
silêncio *Stille*
sim *ja 21*
simpático/a *nett, sympathisch*
simples *einfach 57, schlicht*
sinagoga *Synagoge*
sinal (o) *Zeichen, Muttermal*, - de trânsito *Verkehrszeichen*

Wörterbuch

sincero/a *aufrichtig, ehrlich*
sindicato *Gewerkschaft*
sino *Glocke*
sintoma (o) *Symptom*
sistema (o) *System*
sítio *Ort, Platz*
situação (a) *Lage, Situation*
slide (o) *Dia*
só *1. nur, bloß 2. erst 41 3. allein*
sobre *1. auf 2. über*
sobremesa *Nachtisch 65*
sobrinho/a *Neffe/Nichte*
sóbrio/a *nüchtern*
social *gesellschaftlich, sozial*
socialismo *Sozialismus*
socialista (o) *Sozialist, sozialistisch*
sociedade (a) *Gesellschaft*
sócio *1. Mitglied 2. Teilhaber*
sofá (o) *Couch, Sofa*
sofrer *leiden 105*
sogro/a *Schwiegervater/-mutter*
sogros (os) *Schwiegereltern*
sol (o) *Sonne 105*
sola *Sohle, - do pé Fußsohle*
solário *Sonnenbank*
soldado *Soldat*
solteiro/a *Junggeselle, ledig 97*
solução (a) *Lösung*
som (o) *Klang, Ton*
soma *Summe*
sombra *Schatten*
somente *bloß*
sonhar *träumen*
sopa *Suppe, - alentejana Knoblauchsuppe,- de legumes Gemüsesuppe 65*
sorte (a) *Glück*
sossegado/a *ruhig*
soutien (o) *Büstenhalter*
sozinho/a *allein*
spray (o) *Spray*
sua *ihr, ihre, Ihre*
suave *zart, zärtlich*

subir *steigen, raufgehen*
substantivo *Substantiv*
substituir *ersetzen*
sucesso *Erfolg*
Suécia *Schweden*
suficiente *ausreichend, genug*
Suiça *Schweiz*
suiço/a *Schweizer/in, schweizerisch*
sujo/a *dreckig, schmutzig*
sul (o) *Süden*
sumarento/a *saftig*
sumo *Saft*
suor (o) *Schweiß*
super *erstklassig*
superfície (a) *Oberfläche*
superior *obere/r*
supermercado *Supermarkt*
suplemento *Zuschlag*
suportar *aushalten, ertragen*
supositório *Zäpfchen*
surpresa *Überraschung*
suspeita *Verdacht*
susto *Schrecken*

T

tabacaria *Tabakladen*
tabaco *Tabak*
tabuleiro *Tablett*
tal como *genauso wie*
talher (o) *Besteck*
talho *Metzgerei*
talvez *vielleicht 101*
tamanho *Größe*
também *auch 21*
tamboril (o) *Seeteufel*
tampão *Tampon*
tanto? *soviel? 57*
tanto faz *ist egal*
tapar *zudecken*
tarde *spät, - (a) 1. Abend 2. Nachmittag*
tarifa *Tarif*
tasca *Kneipe 61*
táxi (o) *Taxi*
taxímetro *Zähluhr im Taxi*
te *dir 105*
teatro *Theater*

teclado *Tastatur*
técnica *Technik*
técnico/a *Techniker, technisch*
tecto *Decke*
TELECOM (o) *Fernsprechamt*
telefonar *telefonieren 21*
telefone (o) *Telefon 21, - público öffentliches Telefon*
telegrama (o) *Telegramm*
telejornal (o) *Tagesschau*
televisão (a) *Fernsehen*
telhado *Dach*
tema (o) *Thema*
temer *befürchten*
temos *wir haben 61*
temperar *würzen*
temperatura *Temperatur*
tempestade (a) *Sturm*
tempo *1. Wetter 105 2. Zeit 61, - abafado Schwüle*
temporal (o) *Unwetter*
tenda *Zelt*
ténis (o) *Tennis*
tentar *versuchen zu*
ter *haben 37, - cobertura gedeckt sein (der Scheck), - saudades (de) Sehnsucht haben (nach) 105*
ter de/que *müssen 85*
terça-feira *Dienstag*
terceiro/a *dritte/r*
terminado/a *beendet*
terminar *beenden*
termómetro *Thermometer*
terraço *Terrasse*
terreno *Grundstück, Gelände*
terrível *fürchterlich*
terror (o) *Terror*
terrorismo *Terrorismus*
terrorista (o) *Terrorist, terroristisch*
tesoura *Schere*
tesouro *Schatz*
testa *Stirn*
testemunha (o) *Zeuge*
tétano *Tetanus*
teu/tua *dein/e*
texto *Text*

Wörterbuch

tigela *Schüssel*
tímido/a *schüchtern*
tímpano *Trommelfell*
tinta *Tinte*
tio *Onkel*
típico/a *typisch*
tipo *Typ*
tirar *wegnehmen*
tiro *Schuß*
título *Titel, Überschrift*
toalha *Handtuch, Tisch-*
tocar *klingeln*
todo/a *ganz*
todo *Gesamtheit,*
- o mundo *die ganze Welt,*
alle
todos *alle,* - os dias *jeden Tag*
tolerante *tolerant*
tom (o) *Ton*
tomada *Steckdose, Stecker*
tomar *trinken, (ein)nehmen* 57, - o pequeno almoço *frühstücken* 57,
- um duche *duschen,* - um táxi *Taxi nehmen*
tomate (o) *Tomate*
torneira *Wasserhahn*
tornozelo *Knöchel*
torrada *Toast* 57
torrado/a *geröstet*
torre (a) *Turm*
tosse (a) *Husten*
tosta *Zwieback*
tosta mista *Käse-Schinken-Toast*
totoloto *Lotterie (6 aus 49)*
tourada *Stierkampf*
touro *Stier*
trabalhador (o) *Arbeiter, Handwerker*
trabalhar *arbeiten* 21
trabalho *Arbeit* 97, - clandestino *Schwarzarbeit*
tradição (a) *Tradition*
tradutor/a (o) *ÜbersetzerIin*
traduzir *übersetzen*
tralha *Kram*
transferência *Transfer, Überweisung*

transformar-se *sich verwandeln*
transfusão de sangue (a) *Bluttransfusion*
trânsito *Verkehr*
transpirar *schwitzen*
Trás-os-Montes *Trás-os-Montes (Provinz)*
trasmontano/a *EinwohnerIin von Trás-os-Montes*
tratar *behandeln*
travão *Bremse,* - de mão *Handbremse*
travar *bremsen*
trazer *(her)bringen*
treinar *üben*
tremer *zittern*
trepar *treten*
tribunal (o) *Gericht (jur.)*
tricotar *stricken*
triste *traurig* 105
trocado *Kleingeld* 85
trocar *austauschen, wechseln*
troco *Austausch, Wechselgeld* 65
trolha *Maurer*
tropa *Militärdienst*
tropeçar *stolpern*
trovão *Donner*
trovoada *Gewitter*
truta *Forelle*
tu *du* 21
tudo *alles,* - bem? *alles in Ordnung?* 17
tumor (o) *Geschwulst*
túmulo *Grabmal*
túnel (o) *Tunnel*
turco/a *Türke, türkisch*
turismo *Tourismus*
turista (o) *Tourist*
turístico/a *touristisch*
Turquia *Türkei*

U

uísque (o) *Whisky*
úlcera *Magengeschwür*
última/o *letzte/r*
ultrapassar *1. überholen 2. überwinden*

um/-a *ein/e*
único/a *einmalig, einzig*
unidade (a) *Einheit*
universidade (a) *Universität*
uns/umas *einige*
urgência *Dringlichkeit, Erste Hilfe*
urgente *dringend*
urina *Urin*
usar *gebrauchen*
uso *Gebrauch, Sitte*
usual *üblich*
utensílios domésticos (os) *Haushaltsgeräte*
útil *nützlich*
utilização (a) *Verwendung*
utilizar *benützen, verwenden*
uva *Traube*

V

vaca *Kuh*
vacinar *impfen*
vagabundo *Vagabund*
vai-te embora! *geh weg!*
vale (o) *Tal*
valente *tapfer*
valer a pena *sich lohnen* 105
válido/a *gültig*
vamos! *gehen wir!* 61
vamos ver *sehen wir mal* 101
vanguarda *Avantgarde*
vapor (o) *Dampf*
varíola *Pocken*
vazio/a *leer*
vegetariano/a *Vegetarier, vegetarisch*
veia *Ader*
veículo *Wagen*
vela *Kerze,* - de ignição *Zündkerze*
velharias (as) *Antiquitäten*
velho/a *alt*
velhota *die Alte*
velhote (o) *der Alte*

Wörterbuch

velocidade (a) *1. Geschwindigkeit, 2. Gang (techn.)*
vencer *besiegen*
venda *Verkauf*
vender *verkaufen*
venha cá! *kommen Sie!*
ventil (o) *Ventil*
vento *Wind*
ver *sehen* **85**, *anschauen*
verão *Sommer*
verbo *Verb*
verdade (a) *Wahrheit* **105**
verdadeiramente *wahrhaftig*
verdadeiro/a *echt, wahr*
verde *grün*
verificar *feststellen, überprüfen*
vermelho/a *rot* **85**
vestido *Kleid*
vestir-se *sich anziehen*
veterinário *Tierarzt*
vez (a) *Mal* **105**, *é a sua -* Sie sind an der Reihe, de - em quando *hin und wieder,* em - de *anstelle von,* às vezes *manchmal*
viagem (a) *Reise*
viajante (o) *Reisender*
viajar *reisen*
vida *Leben* **81**, *- em comum Zusammenleben*

vídeo *Video*
videoteca *Videothek*
vidro *Glas*
vinagre (o) *Essig*
vindo *gekommen*
vinho *Wein* **65**, *- branco Weißwein,* **- espumante** *Champagner,* **- tinto** *Rotwein,* **- verde** *grüner Wein*
viola *Gitarre*
violento/a *gewalttätig, heftig*
violino *Geige*
vir *kommen* **61**
virar *abbiegen,* *~-se umdrehen*
virtude (a) *Tugend*
visita *1. Besichtigung 2. Besuch,* - à **cidade** *Stadtbesichtigung,* - **guiada** *Führung*
visitar *besuchen*
vista *Sicht, Blick,* - **para o mar** *Meeresblick*
visto *Visum*
vitela *Kalbfleisch* **65**
vítima *Opfer*
vitória *Sieg*
viúva *Witwe*
vivenda *Villa*
viver *leben*
vivo/a *lebend, lebendig*

vizinho *Nachbar*
voar *fliegen*
vocabulário *Wortschatz*
volante (o) *Lenkrad*
volta *1. Rückkehr 2. Spaziergang*
voltar *zurückkehren,* *~-kommen* **105**
volume (o) *Stange (Zigaretten)*
vomitar *erbrechen* **101**
vontade (a) *Lust*
voo *Flug,* - **doméstico** *Inlandsflug*
vosso/a *euer*
voz (a) *Stimme*
WC (o) *WC*

X/Z

xarope (o) *Hustensaft, Sirup*
xelim (o) *Schilling*
zero *null* **21**
zona *Gebiet,* - **de estacionamento de curta duração** *Kurzparkzone,* - **para peões** *Fußgängerzone*

Das Allerwichtigste für alle Fälle

bitte	*por favor* [pur fawor]
danke (sagt der Mann)	*obrigado* [ubrigadu]
danke (sagt die Frau)	*obrigada* [ubrigada]

ja	*sim* [si(n)]
nein	*não* [nau]

ich verstehe nicht	*não percebo* [nau perssäh-bu]
devagar, por favor	*langsam, bitte* [dewagar, pur fawor]

ich spreche kein Portugiesisch	*não falo português* [nau falu purtugesch]
sprechen Sie Deutsch?	*fala alemão?* [fala alemau]
sprechen Sie Englisch?	*fala inglês?* [fala inglesch]
sprechen Sie Französisch?	*fala francês?* [fala franssesch]

guten Tag (Vormittag)	*bom dia* [bong dia]
guten Tag (Nachmittag)	*boa tarde* [boa tard]
guten Abend	*boa noite* [boa noit]

auf Wiedersehen	*adeus* [ade-usch]
vielen Dank	*muito obrigado* [muitu ubrigadu]
Polizei	*polícia* [pulissia]
Unfall	*acidente* [assident]
Feuer	*fogo* [fogu]
Diebstahl	*roubo* [rroubu]
Einbruch	*assalto* [assalltu]
Versicherung	*seguro* [sseguru]
Fundbüro	*secção de achados* [ssessau de aschadusch]
Arzt	*médico* [mädiku]
krank	*doente* [duent]
verletzt	*ferido* [feridu]
Krankenhaus	*hospital* [uschpitall]
Gesundheitsstation	*centro da saúde* [ssentru da ssa-ud]
Notfall	*urgência* [urjenssia]
wann?	*quando?* [kuandu]
wo?	*onde?* [ond]
wie?	*como?* [komu]
wieviel?	*quanto?* [kuantu]
Flughafen	*aeroporto* [aäruportu]
Bahnhof	*estação* [schtassau]
Bushaltestelle	*paragem de autocarros* [paraje-ing de autukarrusch]
Bank	*banco* [bangku]
Wechsel	*câmbio* [kambiu]
Post	*correios* [curre-iusch]
Reisebüro	*agência de viagens* [ajenssia de wiajeinss]
Hotel	*hotel* [utäll]
Taxi	*táxi* [taksi]
Bus	*autocarro* [autukarru]
U-Bahn	*metro* [mätru]
Straßenbahn	*eléctrico* [ilätriku]
Zug	*comboio* [komboi-u]
haben Sie...?	*tem...?* [te-ing]
gibt es...?	*há...?* [a]
ich habe nicht/kein	*não tenho* [nau tänju]

Überflieger

«Überflieger» heißt die neue Taschenbuchreihe bei «rororo sprachen», mit der man schon in wenigen Tagen die notwendigen Grundkenntnisse erwerben kann, um sich in einem fremden Land zu verständigen. Damit Urlaub und Geschäftsreise nicht nur sprachlich ein voller Erfolg werden, gibt es außerdem praktische Tips zu Kultur und Alltag.

Hanne Schönig/Hatem Lahmar
Arabisch in letzter Minute
(Buch: rororo 9541, Buch mit Cassette: rororo 9542, Cassette: rororo 9700)

Christof Kehr
Spanisch in letzter Minute
(Buch: rororo 9526, Buch mit Cassette: rororo 9527, Cassette: rororo 9701)

Isabelle Jue/Nicole Zimmermann
Französisch in letzter Minute
(Buch: rororo 9628, Buch mit Cassette: rororo 9629, Cassette: rororo 9702)

Frida Bordon/Giuseppe Siciliano
Italienisch in letzter Minute
(Buch: rororo 9626, Buch mit Cassette: rororo 9627, Cassette: rororo 9703)

Iain Galbraith/Paul Krieger
Englisch in letzter Minute
(Buch: rororo 9630, Buch mit Cassette: rororo 9631, Cassette: rororo 9704)

Uwe Kreisel/Pamela Ann Tabbert
American Slang in letzter Minute
(Buch: rororo 9623, Buch mit Cassette: rororo 9624, Cassette: rororo 9705)

Die «Überflieger» sind der Einstieg für alle, denen ein ganzes Lehrbuch zu langweilig und ein Sprachführer zu wörterbuchhaft ist. Wer diese Bände, wenn möglich mit der dazugehörigen Cassette, durcharbeitet, der erwirbt das Minimum, das im jeweiligen Sprachraum unverzichtbar ist. Das Wörterbuch im Anhang hilft immer dann, wenn Unverständliches zu entschlüsseln ist.

rororo sprachen wird herausgegeben von Ludwig Moos. Ein Gesamtverzeichnis der Reihe finden Sie in der *Rowohlt Revue*. Jedes Vierteljahr neu. Kostenlos in Ihrer Buchhandlung.

rororo sprachen

Ein Sprachkurs von Anfang an. Der Zugang zu Spanien und Lateinamerika.

Christof Kehr / Ana Rodríguez Lebrón
Español Uno *Spanisch reden und verstehen. Ein Grundkurs*
(rororo sachbuch 8793)
Español Uno *Toncassette*
(rororo sachbuch 8794)

Español Dos *Spanisch reden und verstehen. Ein Aufbaukurs*
(rororo sachbuch 8845)
Español Dos *Toncassette*
(rororo sachbuch 8846)

Die Sprachbücher von *Senzaparole* stützen sich auf die lebendigen Erfahrungen aus dem Sprachunterricht. Anhand von Dialogen, Gesprächen und Erzählungen lernen Sie den italienischen Alltag kennen:

Senzaparole
Partire per l'Italia
Italienischkurs für Anfänger
(rororo sachbuch 8795)
Partire per l'Italia *Toncassette*
(rororo sachbuch 8796)

Finalmente in Italia
Italienischkurs für wenig und weiter Fortgeschrittene
(rororo sachbuch 8471)
Finalmente in Italia *Toncassette*
(rororo sachbuch 8472)

Jutta J. Eckes / Franco A. M. Belgiorno
Italiano Uno *Italienisch reden und verstehen. Ein Grundkurs*
(rororo sachbuch 9144)
Italiano Uno *Toncassette*
(rororo sachbuch 9145)

MARIO PARISI/LIBORIO PEPI
PALAVARE ITALIANO
Typisch deutsches Italienisch
und wie man es verbessert

Mario Parisi / Liborio Pepi
Palavare Italiano? *Typirsch deutsches italienisch und wie man es verbessert*
(rororo sachbuch 9178)
Parole Espresse *Italienisches Quasselbuch mit Sprüchen und Widersprüchen*
(rororo sachbuch 8434)

rororo sprachen wird herausgegeben von Ludwig Moos. Ein Gesamtverzeichnis der Reihe finden Sie in der *Rowohlt Revue*. Jedes Vierteljahr neu. Kostenlos. In Ihrer Buchhandlung.

Französisch

Französisch von Anfang an. Ein Sprachkurs nah an der Umgangssprache und dem französischen Alltag.

Armelle Damblemont / Petra Preßmar
Français Un *Französisch reden und verstehen. Ein Grundkurs*
(rororo sachbuch 9106)

Français Un *Toncassette Zum Auffrischen, Vertiefen und Ergänzen für mehr oder minder Sprachgewandte*
(rororo sachbuch 9107)

Claire Bretécher / Isabelle Jue / Nicole Zimmermannn
Le Français avec les Frustrés *Ein Comic-Sprachhelfer*
(rororo sachbuch 8423)
Plus de Français avec les Frustrés *Ein Comic-Srachhelfer*
(rororo sachbuch 8539)

Ahmed Haddedou
Questions grammaticales de A à Z *Tout ce que vous avez toujours voulu savoir sur la grammaire sans jamais oser le demander*
(rororo sachbuch 8445)

Robert Kleinschroth
La Conversation en s'amusant *Sprechsituationen mit Witz gemeistert*
(rororo sachbuch 8873)

Robert Kleinschroth / Dieter Maupel
La Grammaire en s'amusant *Wichige Regeln zum Anlachen*
(rororo sachbuch 8714)

Marie-Thérèse Pignolo / Hans-Georg Heuber
Ne mâche pas tes mots *Nimm kein Blatt vor den Mund! Französische Redewendungen und ihre deutschen Pendants*
(rororo sachbuch 7472)

Jacques Soussan
Pouvez-vous Français? *Programm zum Verlernen typisch deutscher Französischfehler*
(rororo sachbuch 6940)

rororo sprachen wird herausgegeben von Ludwig Moos. Das Gesamtverzeichnis der Reihe finden Sie in der *Rowohlt Revue*. Jedes Vierteljahr neu. Kostenlos in Ihrer

rororo sprachen